現代アジア学入門

― 多様性と共生のアジア理解に向けて ―

鈴木 隆・西野真由 編

芦書房

まえがき

「二一世紀はアジアの時代」といわれて、すでに久しい。実際、近年の目覚ましい経済成長にともない、国際社会におけるアジアの存在感は日増しに大きくなっている。こうした現実を前に、戦前の一時期を除いて、明治以来の長きにわたり「脱亜入欧」の立場が主流であった日本の各界においても、近年では政治、経済、文化、社会などの各方面から、アジア理解の必要性とそれに基づく多層多様の関係強化が呼びかけられるようになっている。だが、歴史認識や領土をめぐる近隣諸国との軋轢にみられるとおり、日本を含むアジアの協力発展は、依然として、任重くして道遠しの感は否めない。

しかし、アジアのいずれの国々も、この地域から引っ越すことができない以上、米国やＥＵ（欧州共同体）などの域外先進国はもちろん、アジア域内各国との連携強化を図ることは、わが国の将来にとっても不可欠の課題といえる。またそれには、未来を担う日本の若者が、アジアの歴史と現状を踏まえつつ、アジアのなかの日本として共存共栄を目指すとの意識をうち立てることも必要だろう。

こうした問題意識に基づき、愛知県立大学は、二〇一四～一五年の二年間にわたり、寄付講座（「県大エッセンシャルＡ―共生・多様性・越境性に基づくアジア共同体の展望」）を開講した。本書は、同講座にご登壇いただいた講師を中心に、新たな執筆者を加えて各章を書き下ろし、現代アジア研究の概説書として編集したものである。想定される主な読者層は、文系理系を問わず、大学の教養課程、または一・二年生対象の基礎ゼミナールレベルのアジア研究関連科目の受講生であるが、以下にみるように、アジアにさまざまな関心をもつ一般読者にも、入門書として広く受けいれられるものと思う。

このことは、本書の特徴にもかかわっている。目次をみればわかるとおり、本書は第一に、文学、歴史学、法学、政治学、国際関係論、経済学、経営学など、複数のディシプリンとそれらの学際的視点を重視している。これに関連して第二に、日本とのかかわりを念頭に置きながら、中国を中心に、台湾、東南アジア、中央アジア、新興経済体（ブラジル、ロシア、インド、中国）など、複数の国や地域の歴史と現状を取り上げている。こうした複眼的視点を通じて、アジアの多様な実像と多面的な性格について読者の理解を深めることを期待している。以下、章の配列順序にしたがい、その内容を簡単に紹介しよう。

第一部　日中歴史・文化編（古代東アジアの連関、日中の相互認識と歴史問題、中国文化）

古代東アジア世界のつながりを、文献史学の手法で実証的に語るのが、第一章（上川論文）である。インド起源の仏教が、中国と朝鮮を経て日本に至る過程を確認しつつ、当時の「国際」情勢が、日本と韓国に似た風貌の仏像をもたらしたことが明らかにされる。本章を読むと、古代史のロマンとともに、ナショナリズム相対化の必要性を強く感じる。歴史学の面目躍如といったところである。

第二章（樋泉論文）は、幕末日本の若者による中国見聞を例に、日本人の対外認識と異文化交流を論じる。本章では、当時の日本知識人が、主に文献学習を通じて理想化された中国像を作り上げ、実際の中国とのギャップに困惑したことが指摘されている。情報技術が発達した今日でも、否むしろそれだからこそ、実地体験の重要性が強調されなければならないだろう。

第三章（黄論文）では、日本と中国の歴史問題、すなわち日中戦争の性格や戦争責任をめぐる歴史認識の対立を分析する。本章ではこの対立の構図を、戦後日中関係の出発点である一九七二年の日中国交正常化に立ち返って、中国側の視点から読み解く。今日まで間欠的に噴出する中国人民の反日感情を癒やし、歴史和解を得るための手がかりを探っている。

冥界旅行を題材とする中国人の文学作品を手がかりとして、漢族の人々の死生観を紹介するのが、第四章（工藤論文）である。こうしたテーマの討究にはやはり文学が力を発揮する。工藤論文は、一九三〇年代の「魔都」上海で発表された小説について、そこで描かれた冥界の様子が、権力欲や拝金主義、コネクション重視の人間関係など、現世とウリ二つであり、「この世」と「あの世」の価値の連続を指摘している。

第二部　日中政治・経済編（中国の対外認識、台湾政治、食がつなぐ日中経済）

第五章（鈴木論文）では、国際秩序への見方や対外認識の特徴を手がかりとして、中国の東アジア認識が検討される。また、世論調査に示された日中両国民の相互認識を踏まえ、日本の対中政策の要点として、歴史問題への真摯な取り組み、日本の安全保障体制の整備強化、法の支配原則と両立する形での国際秩序形成における中国の当事者意識の涵養、の三つが強調される。

第六章（諏訪論文）は、経済的に豊かで民主主義の政治実体でありながら、国際社会で孤立する台湾を扱う。第二次大戦以降の台湾（中華民国政府）の国際的地位、中華人民共和国との関係、台湾の民主化（＝現地化）と台湾人アイデンティティの広がりなどが要領よくまとめられている。著者は、日本が北京政府との良好な関係を維持しつつ、台湾との関係を強めることを訴えている。

アジアにおける日本食の普及というユニークな視点から、日本とアジアとの関係強化を扱ったのが、第七章（大島論文）である。世界ではいま、アジアを中心に和食ブームが起きている。近年では、日本産食料の貿易が拡大し、外食産業の海外進出も盛んである。大島論文では、日本の食品関連産業にとって、アジア市場のもつ大きな可能性が示されている。

大島論文の問題意識を引き継ぎつつも、経営学的視点から日系外食企業の海外進出を詳細にレポートしたのが、第八章（西野論文）である。日本最大のカレーチェーンＣｏＣｏ壱番屋（本社は愛知県）を例に、同社が中国大陸、台湾、韓国、タイなどで店舗拡大を続けている様子と背景、香港での店舗運営の実態、そこにみられる海外展開戦略上の問題克服策などが検討される。

第三部　東南アジア、中央アジア、新興経済体（ブラジル、ロシア、インド、中国）

第九章（鮎京論文）は、著者の専門であるアジア諸国法について、二一世紀に入って以降のＡＳＥＡＮ（東南アジア諸国連合）における法研究の関心の高まりや、複雑だが興味深いベトナム法の歴史をわかりやすく説明する。同時に、アジア諸国への日本の法整備支援、開発援助の法分野での貢献が、明治以後の日本の法近代化過程と欧米中心の法律学のあり方に再検討を迫るものであるという。

第一〇章（福田論文）は、南シナ海の領有権問題とそれへの米国の対応を扱う。同海域の島嶼や権益をめぐって、力による現状変更を試みる中国に対し、国際社会の懸念が高まっている。福田論文を読むと、航行の自由に対する米国の思い入れの強さ、米中の国際海洋法解釈の齟齬、そして南シナ海問題が、東アジアの安全保障にとって極めて重要であることが理解できる。

第一一章（田中論文）では、中央アジア諸国（カザフスタン、ウズベキスタン、クルグズスタン、トルクメニスタン、タジキスタン）を取り上げる。国際社会で存在感を増しているにもかかわらず、日本人には馴染みが薄いこの地域について、各国概況はもちろん、米国、ロシア、中国などの二一世紀版グレート・ゲームが語られる。日本にとって中央アジアは、政治経済の協力だけでなく、学問的にも実り豊かな可能性をもっている。

第一二章（草野論文）は、特に二一世紀に入って以降、世界経済の重要な一角を占めるようになった新興経済体、なかでもブラジル、ロシア、インド、中国の四カ国について、比較経済分析を行っている。これらの国の経済成長の要因と特徴、今後の課題などを、わかりやすく、かつ軽妙な筆致で解説し、経済学的素養の少ない読者も明快な理解を得ることができる。

なお、本書で表明されている見解は、すべて、各執筆者個人のものであり、愛知県立大学の意見を代表するものではない。

本書の内容に関連して、いま一つ述べておきたいのは、寄付講座の助成金の一部を用いて、二〇一五年七月に、「二一世紀のアジアと日本、愛知を考える」をテーマに掲げ、愛知県立大学と日本貿易振興機構（ジェトロ）アジア経済研究所の共催で、大型の公開シンポジウムを開催したことである。加藤青延氏（ＮＨＫ解説委員。肩書は当時のもの、他の登壇者も同じ）の司会のもと、佐藤百合氏（アジア経済研究所上席主任調査研究員、専門はインドネシア経済）、添谷芳秀氏（慶應義塾大学教授、日本外交）、高原明生氏（東京大学教授、中国政治）、平岩俊司氏（関西学院大学教授、朝鮮半島情勢）、吉岡桂子氏（朝日新聞編集委員、中国経済）が、各自の専門分野の研究報告と討論を行った。東アジアの政治と経済を中心とする国際社会の将来像について、今日の日本を代表する複数の有識者を招請して、本シンポジウムのような実践的な研究教育、社会啓発プログラムを実施したことは、大学の地元貢献であり、同時に、地方における重要な知的発信であったと確信する。

最後に、本講座責任者および本書編著者を代表して、講座開設とシンポジウム開催にあたって助成をたまわった一般財団法人ワンアジア財団と、本書出版の労をおとりいただいた芦書房の中山元春氏、ならびに、小笠原由香氏を筆頭に、寄付講座の申請と運営に始まり、上記シンポジウムの開催、書籍刊行に至るまでの一連の活動に協力いただいた愛知県立大学の関係諸氏に対し、改めて深甚なる感謝を申し上げる。

二〇一七年二月

鈴木　隆

もくじ

第2部　日中政治・経済編（中国の対外認識、台湾政治、食がつなぐ日中経済）

第1部

日中歴史・文化編

（古代東アジアの連関、日中の相互認識と歴史問題、中国文化）

第1章　歴史・歴史認識と東アジア
——弥勒菩薩像の古代と近代——

歴史学、とくには日本史研究の立場から、東アジアへの認識について考えてみたい。その場合、文字史料を素材に研究する、文献史学の方法によっている。しかも日本古代史、とくには六、七世紀という限定された時期の、また仏教史に関係する素材を扱うにすぎない。ただここでの考察から、近現代、そして今日から将来の歴史認識の問題を、多少とも考える手がかりを探ろうと思う。

1　二体の弥勒菩薩像

二〇〇七年一月の大学入試センター試験の日本史Bの第一問をみてほしい（図1－1）。センター試験は約五〇万人が受けるなど影響力もあるので、熟考された問題になっている。問題文の下方にある図1と図2はともに弥勒菩薩像である。ロダンの彫刻「考える人」と似ている。図1は六世紀後半の制作、今は韓国ソウルの国立中央博物館にある。図2は同時代か七世紀初頭に作られ、京都・広隆寺にある。それぞれの国で国宝に指定されている。韓国のものは九三センチメートルの金メッキされた銅像、日本のものは一二三センチメートルの木像という違いがあるが、姿はよく似ている。朝鮮半島と日本列島で別々に同様の彫刻を思いつくはずがない。共通したモデルが別にあったのであろう。

仏教は実在の釈迦（ゴータマブッダ、紀元前五世紀〜同四世紀）によって始められた。ところが後には、釈迦の教えが時代とともに廃れるという考えが生まれた。末法思想と呼ばれ、釈迦死後しばらくは教えが維持される「正法」の時代、次は形だけが残る「像法」の時代、その次は仏教が完全に廃れた殺伐たる「末法」の時代になるという。釈迦の死去を起点に正法一〇〇〇年、像法一〇〇〇年（年数には諸説ある）、あとは末法だと経典に説かれている。

釈迦の教えが廃れたら別の信仰で、とは考えない。実は末法思想は、仏教を勧める立場から説かれている。仏教が廃れると世が乱れる。そうであるからこそより熱心に救いを求めよう。礼拝、写経、仏像制作、布施などを煽るかのようである。このような一種の終末思想は、キリスト教やイスラム教、また新興宗教などにもある。

しかし末法はいつまで続くのか。救済宗教としての意味はどこにあるのか。釈迦はさすがに予言を残した。第二の救世主は弥勒だといったという。弥勒が遠い未来に現れることが『弥勒上生経』『弥勒下生経』などの経典に書かれている。ただそれは将来で、いま、弥勒は救世主たるべく瞑想中である。その姿を表したものこそ弥勒菩薩像である。ではその将来とはいつなのか。釈迦は、自分が死んで五六億七〇〇〇万年後だといったという。一〇〇〇年間の正法、次の一〇〇〇年間の像法、あとは全部末法であり、現在はまだまだ序の口ということになる。それに比べて人間の一生は一瞬である。そこ

図1－1　2007年度　大学入試センター試験・日本史B

日　本　史　B

(解答番号 1 ～ 36)

第1問　歴史を考える手がかりとしての文化財に関して述べた次の文章**A**・**B**を読み，下の問い（**問1～6**）に答えよ。（配点　12）

A　博物館や古い寺社などに出かけると，大切に保存された貴重な文化財を目にすることができ，歴史の実際に触れる思いがする。

図1・2を見てみよう。いずれも7世紀に制作されたと考えられる有名な仏教彫刻である。現在，**図1**の像は韓国ソウルの国立中央博物館，**図2**の像は京都の広隆寺で，それぞれ所蔵・公開されている。両者がとてもよく似ているのは，ⓐ当時の東アジアの歴史が関連しあって推移していたからだろう。また**図2**の像は，ⓑ日本の伝統文化や歴史を再評価しようとする動きのなかで，近代に至って真っ先に注目された。なお二つの像は，両国でそれぞれ国宝に指定されている。

図　1

図　2

で、まず寿命が尽きたら弥勒菩薩の世界にいったん生まれ変わると、遠い将来に弥勒がこの世で救済事業を開始する時にはそこに居合わせることができる。そういう思想がこの仏像の背景にある。このことを記した経典は、南アジアのインドに発祥し、東アジアの中国で漢字、漢文に翻訳され、朝鮮半島や日本列島でも共有された。

センター試験を解いてみよう。リード文Aに目を通してほしい。そして問一として、図1、図2について述べた文①から④の正誤を問うている。「①これらの像は、瞑想する姿を表現している」（考える菩薩の説明として正しい）。「②これらの像は、加持祈禱を受ける姿を表現している」（九世紀ぐらいから出てくる密教のことであり誤り）。「③これらの像は、座禅を組む姿を表現している」（座禅が不適切）。「④これらの像は、修験道に励む姿を表現している」（修験道が不適切）。なお、高校教科書では一一世紀ごろに日本で末法思想が流行したと説明されているが、仏典にはもっと以前から説かれていた。

問二は、七世紀の東アジア史についての知識を問う正誤問題。「①滅亡した百済からは、貴族たちが倭（日本）に亡命した」。正しい。朝鮮半島の南西の国、百済が滅亡したのは六六〇年である。百済の貴族たちは大勢亡命してきており（渡来人）、日本の学術知識分野のレベルは格段に上がった。「②朝鮮半島の政治的統一に相前後して、日本列島でも中央集権国家の形成が進んだ」。正しい。七世紀の後半に百済と高句麗が滅ぼされ、新羅が半島の政治統一を果たした。並行して日本という集権国家ができた。倭（ヤマト）が日本になったのは七世紀後半である。今日の日本人にとって常識になっていないが、重要事実である。「③斉明天皇は、中国皇帝に朝貢して『親魏倭王』と認められた」。誤りである。三世紀の卑弥呼のことであって斉明天皇ではない。「④古代の日本では、官僚制などを整えるため、中国の律令法を取り入れた」。正しい。東アジア共通の要素を知る大事な史実である。

問二を念頭に置いてもう少し七世紀史を考えてみる。日本列島の飛鳥辺りに権力の中心があった。国家はまだ倭と呼ばれていた。中国語の「倭」は、背の低くみすぼらしい人のことである。朝鮮半島は新羅によって統一されるまで、百済や高句麗と対抗しあう三国時代であった。その背後の大陸では、南北朝を統一した隋の短い時代をへて、強大な唐帝国があった。滅亡した百済から倭に来た亡命人は、朝廷に指示された移住地において、政治や文化を支える陰の主役になった。ところが六六三年、百済救援の倭軍が朝鮮半島西岸の白村江の河口に派遣され、唐・新羅の連合軍と激突して大敗した。倭の権力中枢で指示したのは中大兄皇子（後の天智天皇）やその弟大海人皇子（後の天武天皇）らである。倭隊三万人が全滅した。

白村江の戦いをリアルに思い描くと、事態の深刻さを想像するに余りある。三年前に滅んだ百済を助けるために海外派兵して三万人を全滅させた。唐と新羅の連合軍が、あからさまに敵対した倭に攻めてくるのは必至である。実際、唐が大軍備を整えているという情報が倭に届いている。しかし倭は、徴兵や練兵の国家的制度を備えていない。しかもかき集めた成人男子三万人は露と消えている。飛鳥の朝廷はよほどの窮地に立たされていたはずである。そこで防戦のための対策がとられた。北九州の大宰府は九州統括と外交窓口だが、ここに水城《みずき》という防禦施設を築いた。博多湾から一〇キロメートルぐらい内陸で迎撃するための、外堀つき土塁である（高さ一〇メートル以上、幅八〇メートル、長さ一・二キロメートル）。大宰府後方には山城を築き、烽《とぶひ》（のろし）の施設もつくった。唐・新羅軍の侵攻があれば、博多湾岸から煙を合図として伝達される。この信号施設は瀬戸内海沿岸各地にあって、飛島まで伝わることが実験で証明されている。近江に宮を遷したのも、日本海方面への逃亡を想定してのことであろう。支配層は国家存亡の危機をリアルに感じていたのである。しかし事態は急転した。唐と新羅は六六八年に高句麗を滅ぼした後、連合が決裂して敵対関係に入った。そのために倭への出兵は起こされなかったのである。しかし軍事的脅威が残った。

倭には戸籍もなければ国家軍もない。白村江で命を散らした三万人は訓練された正規軍ではない。今後は、軍人徴発の前提となる戸籍や、膨大な軍事費をまかなう税の仕組みがいる。それらを組織し運営する官僚や強力な統括者が必要である。六六三年の敗戦は、新しい軍事国家を急造する大きなきっかけになった。この後六八〇年代にかけて、大急ぎで特異な軍事国家が強引につくられる。その間には、危急の政治課題への進路選択と関係して、皇位継承を焦点とする内乱もおこった（六七二年、壬申の乱）。律令国家と呼ばれる日本古代の新しい国家は、こうして建設された。法制としては七〇一年に完成した。律令という法律で、口分田や班田収受、戸籍と計帳、租・庸・調や雑徭、歳役、そして兵士や防人といった、高校日本史で詳しく習う制度の構築である。その統率者には強大な権力と神聖な権威を与えなければならない。この特異な軍事国家が「日本」で、血統世襲による神聖さを装うリーダーが「天皇」である。以上が、日本の始まり、天皇の出現である。それらが歴史の産物であること、とくに東アジアの政治動態と深く関係していたことがわかる。敗戦後の歴史学の成果である。

センター入試は決して難問ではない。受験生以外が一般常識とすべき重要な内容も含まれている。それは、入試問題の背後にある歴史観、歴史認識、何を学んでほしいかという歴史の思考というべきものである。ほとんどの受験生はそんなことを考えないであろうが、入試問題は後々にも影響力をもつ。七世紀の日本列島は東アジア世界の一部である。国境の内部だけで完結していない。現代は世界中がつながっているが、七世紀には東アジア世界が連動している。そういう歴史認識への問いかけを、この問題の背後に読むことができる。

2　仏教伝来の実情

仏教はインドに発した思想、宗教である。南アジアの思想が、極東の日本で受容されている。この事情を合理的に理解するには、それなりに手続きがいる。仏教はいつ、どのような事情で日本列島に来たのか。教科書には伝来年として五三八年説と五五二年説があると書かれている。要するによくわからないのである。考えるべきは、「仏教伝来」の意味である。史料を用いた分析手順を示しつつ考えてみよう。

『日本書紀』欽明天皇一三年一〇月条には、「百済の聖明王……、釈迦仏の金銅像一軀《ひとはしら》、幡蓋《はたきぬがさ》若干《そこばく》、経論若干巻を献《たてまつ》る」(原文は漢文体)とある。これが仏教公伝五五二年説の根拠である。実際にまだ「天皇」号は存在しないが、七二〇年に完成した『日本書紀』は五〇〇年さかのぼって後知恵で書いている。内容を疑う必要があるが、まずはそのまま訳せば、朝鮮半島の南西部にあった百済国の聖明王が、銅に金メッキした釈迦像一体と、その飾りや経典類をたくさん献上してきた、となる。「献る」(献上)というのは怪しい。百済の聖明王が下手に出て日本の天皇に献上した、というのは本当なのか。続きの文では、欽明天皇が蘇我氏や物部氏に相談し、「西蕃の献れる仏の相貌《かお》端厳《きらぎら》し」、と述べたという。

「西蕃」（西方の野蛮人）だと呼んでいるが、それは客観的な事実だろうか。仏教伝来は、西蕃たる百済の聖明王が献上した五五二年に始まる、『日本書紀』はそう述べている。

別の史料、『上宮聖徳法王帝説』（聖徳太子の伝記）には、「志癸嶋《しきしま》天皇（欽明天皇）の御世の戊午《ぼご》の年一〇月一二日、百済国の聖明王、始めて仏像経教ならびに僧等を度《わた》し奉る」、とある。仏像や経典と一緒に僧侶も送られてきたという。「度し奉る」も献上という意味である。『元興寺縁起』には、「（欽明天皇時代）百済国の聖明王の時に、太子像（釈迦の誕生像）ならびに灌仏之器一具（太子像に注ぐ聖水の受け皿）を度す」とある。これも献上されたという。両史料は、五三八年説の根拠だが、八世紀半ばに書かれている。

三つの史料とも、百済の聖明王が日本の天皇に仏教を献上してきた、と書いているが本当なのか。歴史研究の鉄則は、方法としての疑いである。可能な限り客観的に考える。無意識のうちにも日本にも百済にも味方しない。動かし難い客観的事実、立場を越えて共有できる事実を見出すよう心がける。しかし史料は客観的にも公平にも書かれていない。必ず叙述した人の立場や価値観が前提になっている。そこで現代人としては、それらの偏りに同調してしまわぬよう、自分の思想や立場性が大事になる。たとえば、現代から将来にむけて生きていく国際人として、過去の歴史をどうみるかといったような心構えは、古代史料を読むことと無関係ではない。いわば史料によって思想が試されているとさえいえる。素直な直訳だと、日本の欽明天皇を敬う百済の聖明王が殊勝にも仏教を献上してきました、ということになる。理由もきっかけも問わない歴史像はとても怪しい。

検討を深めるために、別の二つの史料に注目したい。ともに『日本書紀』である。この書物は、出来事の同時代記録ではない。編集時点の国家権力によって、日本天皇の究極的な権威を説明する目的で書かれている。日本国家が東アジアの政治世界で生き抜くために、国内の人民を支配、動員する国力を備えるとともに、朝鮮半島の新羅を下位にみようとする発想に貫かれた書物である。ただそれでも、批判的に検討すると事実が浮かびあがることがある。

『日本書紀』欽明天皇八年（五四七年）四月条には、百済から前部《ぜんほう》徳率《とくそち》真慕《しんも》宣文《せんもん》と奈率《なそち》奇蔴《がま》らの役人が来朝し、「救《すくい》の軍を乞ふ」てきたと記す。そこで「下部《かほう》東城《とうじょう》子言《しごん》を貢《たてまつ》りて、徳率《とくそち》汶休蔴那《もんくまな》に代」えた、とある。百済国王は倭に援軍派遣を要請してきたのである。物々しいことだが、実際、六世紀の前半の朝鮮半島では、新羅、高句麗、百済の三国間で一三回の軍事衝突が確かめられる。いわば慢性的な戦争状態である。これが援軍要請の背景事情である。そこで百済は、「東城子言」を「貢」つまり人質として倭に送り、これまで倭に滞在していた「汶休蔴那」と交代させた、という。「東城子言」がここでのキー・パーソンである。汶休蔴那が百済に帰り、代わりに来た東城子言は、両国間の交渉を成立させる重要な使命を帯びている。

関連する『日本書紀』欽明天皇一五年（五五四年）二月条はもう少し詳しい。百済の下部《かほう》杆率《かんそち》将軍である三貴や上部《しょうほう》奈率《なそち》物部《もののべ》烏《のかく》らが来朝し、「救の兵を乞」うた。これも派兵要請である。そして、「よりて徳率《とくそち》東城《とうじょう》子莫古《しまくこ》を貢りて、前の番の奈率東城子言に代ふ」、とある。キー・パーソン東城子言はここで百済へ帰った。五四七年に倭に来た東城子言は五五四年に百済へ帰ったのである。さらに続く文によると、東城子言は多くの者を引き連れて倭に来ていたのであり、ここでそれらの人々を連れて帰った。「五経博士王柳貴《おうりゅうき》を固徳《ことく》馬丁安《めちょうあん》に代ふ」とは、政治思想たる儒教の専門家の王柳貴が倭に来て、以前から来ていた馬丁安と交代した、という。馬丁安は東城子言とともに倭に滞在していたのである。その一連のこととして、「僧曇慧《どんえ》等九人を、僧道深《どうじん》等七人に代ふ」、とある。曇慧ら僧侶九人が五五四年に来て、道深ら僧侶七人が帰った。では道深ら七人はいつ倭に来たのか。これも東城子言が来た五四七年に違いない。であれば、僧侶七人は五四七年に仏教を倭に伝えているわけである。同じ『日本書紀』でありながら、欽明天皇一三年条には仏教伝来年が五五二年であるように書いているが、怪しいうえに事情がわからない。しかしここに示した欽明天皇八年条と一五年条を合わせみれば、仏教公伝五四七年説も成り立ち、しかも事情がわかる。

さらに欽明天皇一五年条の続きの文によれば、ほかにも知識人や技術者が前任者と交代している。易博士の施徳王道良《せとくおうどうりょう》、暦博士の固徳王保孫《ことくおうほうそん》、医博士の奈率王有㥄陀《なそちおううりょうだ》、採薬師の施徳潘量豊《せとくはんりょうぶ》、固徳丁《ことくちょう》有陀《うだ》、楽人の施徳三斤《せとくさんこん》、季徳己麻次《きとくこまし》、季徳進奴《きとくしんぬ》、対徳進陀《たいとくしんだ》の名がみえる。これら知識人、技術者の一団が百済から倭に送られ、前の人質と交代したのである。

どうして百済から倭に知識人や技術者が提供されたのか。中国は南北朝の分裂期にあり、その機に朝鮮三国は覇権を争い、慢性的戦争状態にあった。そこで百済は、同盟的関係にある倭に援軍を期待し、倭がそれに応じたのである。倭は、先進文明を担う知識人や技術者の派遣を条件としたのであろう。両国の政治交渉が想像されるが、少なくとも百済国王が倭国王にへりくだって献上したのではない。交換条件であって、日本は生身の人間を兵士として差し出している。派兵された人々はまず帰国困難である。方や、百済は高い文明を楯に交渉しており、派遣知識人たちは順番に帰った。

百済が水準の高い仏教、儒教、医学その他をもっているのはなぜか。中国南朝の梁から得ていたのである。百済国王は五四一年に梁皇帝に臣従する道を選び、代わりに梁の文明を下賜された。梁の武帝といえば、中国史上でも有名な皇帝のうちの一人だが、当時の都である建康では新しい学術、技術などの諸文化が集大成されていた。仏教はその一部である。『日本書紀』欽明天皇一五年条には、渡来した知識人らの姓に王、馬、丁などがみえる。まず間違いなく、梁から百済に送られた中国人であろう。その一部が倭に送られたようである。

梁の都・建康は先進文化の中心であった。最新の仏教文化もここが発信源である。ここから政治ルートで諸文物が各地に伝えられており、朝鮮半島の高句麗、新羅、百済にも送られた。倭は百済を介して梁文化を導入できた。倭への仏教伝来はこのような事情に位置づけられる。東アジアの政治世界において、文化の共有が歴史的に成立している。

弥勒菩薩像に戻ってみよう。倭が仏教を入手した少し後の彫刻だが、上に述べたような歴史を負っている。そっくりの彫刻がなぜ京都とソウルにあるのか。日本列島を含む東アジアの政治世界の動きが背景にあったからである。ソウルの弥勒菩薩像は、もともとどの寺院にあったのか不明だが、百済製だという説がある。しかし同じ様式の弥勒菩薩像は、先行して中国にあったはずである。ただ中国には、その後の歴史に廃仏政策などがあり、残っていない。日本に残る古代の弥勒菩薩像は数多い。東アジアを想像することは充分可能である。

3 弥勒菩薩像の近現代史

センター入試問題には問三がある。「日本の伝統文化や歴史を再評価しようとする動き」に関連して述べた文を、年代順に配列させる問題である。「Ⅰ　塙保己一は、日本の古典史料の刊行を進めた」。これは江戸時代後半の国学者である。「Ⅱ　柳田国男は、民間伝承を研究し、日本民俗学の基礎をすえた」。これは大正から昭和。「Ⅲ　岡倉天心らは、日本美術院を結成して伝統美術の発展をはかった」。明治時代。正答はⅠ—Ⅲ—Ⅱの順である。

近代に日本の伝統文化が注目された。その際、古代の弥勒菩薩像の価値も急浮上した。二体の像はそっくりだが、細部には違いがある。この異同は意味深長である。

図1の韓国・弥勒菩薩像は、少し頬がふっくらしている。図2の京都・広隆寺の像は頬がやや細い。この違いは、韓国人と日本人それぞれの顔つきの反映ではないか、と考える人もいる。ただし、図2の弥勒像は輸入品かもしれず、学術的に決着していない。韓国のは金メッキされた銅造なのに対して、広隆寺の方は木像なので、後者に森林国日本らしさを想定しがちである。しかし広隆寺弥勒菩薩像の素材はアカマツであり、朝鮮半島によく生えている。

広隆寺弥勒菩薩像は近代に注目され、戦後の国宝第一号に指定されたということでも有名である。明治以降、この像は日本文化の具体例とみなされ、国宝指定はその認識を世に広めたかもしれない。しかし「国宝」とは何か。「国」の宝とは誰の宝なのか。国家や特権者の宝か、国民の宝か、民族の宝か。市民、個々人、人類にとってはどうか。世界遺産とどう違うのか。再考すべきことが多い。明治時代からの国宝制度は、戦後のそれと区別して旧国宝ともいわれる。明治時代、日本政府が近代国家としての確立を急いだ時代、世界資本主義の体制下で主権国家として自立し、国民国家の内実をつくる政策が進められた。その際、教育や文化の政策は、ナショナリズムの思想を満たすうえで不可欠であった。大事なことは、ナショナリズム一般ではなく、日本固有の価値を掲げたナショナリズムが求められたことである。そこで、古くから価値のあった日本の伝統が探される。幕末の国学が参照され、岡倉天心らが日本美術を再発見し、また天皇が日本文化の価値を一身に体現してきた存在として前面に出された。京都の弥勒菩薩像に注目されたのも、このような歴史的文脈においてであって、国産でなければならなかった。

なお、韓国の国立博物館にある弥勒菩薩像は、韓国の国宝である。韓国では、日本で有名な広隆寺弥勒菩薩像のモデルとして説明される向きがある。ナショナリズムの一例である。

美術史研究の大家、久野健氏の一般向け概説書『秘仏』（一九七八年、学生社）によると、広隆寺弥勒菩薩像の頰には削られた跡がある。いわば整形されている。証拠として一九〇四年（明治三七年）の修理前と修理後の写真が掲げられている。少し判断しにくいが、頰の膨らみが違う。修理前の方は現状よりやや膨らみが大きく、むしろソウルの弥勒菩薩像の頰に近い。別の証拠として、修理前の顔の石膏型の写真も載せられている。整形する前のやや膨らんだ頰がみえると解説されている。しかも像の右手人差し指は、軽く頰杖を突く格好でありながら、指先と頰は離れている。その指先には頰の顔料がかすかに残っているという。かつて指先と頰が接触していた可能性を示唆している。実物に即した究明は専門家に委ねざるを得ない。ただこの例は、古代の文化財は近代のナショナリズムによって再評価されるだけではなく、場合によっては意図的に手が加えられることもある、という問題提起として受け止めたい。

日本の伝統文化がもつ独自の価値を強調したい。中国や朝鮮との共通性より優位性を認めたい。国宝は日本文化の粋である。こういう発想が、ゆがんだナショナリズムとして果たした負の役割については、二〇世紀の歴史のこととして思い当たることが多い。歴史が人類の平等や平和を希う立場で見直されるのとは反対に、独善的に悪用される例があることは、知っておく必要がある。歴史への省察は、自らの立場や価値観と不可分である。将来の文化はどうあるべきか、人類社会の将来はどうあるべきか、世界平和の理想に照らせば今はどういう段階なのか、そう考えて歴史を振り返る。その場合、願望や主観ではなく、根拠を検討して合理的に推論する歴史学の知的営みについて、この章では例示してみた。

（上川通夫）

第2章　幕末の若者たちにとっての異文化体験
―上海における中牟田倉之助と高杉晋作―

文久二年（一八六二年）、江戸幕府は上海での貿易の可能性を探ろうと、数年前にイギリスから購入した木造船の千歳丸を派遣した。五年後の慶応三年（一八六七年）一二月には、明治維新となり江戸時代は幕を閉じるというのに、である。一方の中国（清国）は、一八四〇年のアヘン戦争敗北以来、開明的官僚、知識人による救国策も空転を続ける一方、一八五〇年には広西の錦田で決起した太平天国が南京に都を構え、長江以南を制圧した。千歳丸一行滞在前後の上海は、長江を下った太平天国軍の攻撃に風前の灯火ともいうべき状態に置かれていた。

日中双方とも、まさに亡国への瀬戸際に立たされた疾風怒濤の時代だった。

千歳丸に乗り込んだ人々は幕府役人に加え、全国雄藩が期待を込めて送り出したであろう一〇代末から二〇代の若者――峯潔（大村藩）、名倉予何人（浜松藩）、納富介次郎（小城藩）、日比野輝寛（高須藩）、中牟田倉之助（佐賀藩）、五代才助（薩摩藩）、高杉晋作（長州藩）など。彼らは上海における見聞を残しているが、例えば名倉の記した「海外日録」の冒頭の感慨――今回の「入唐」は「室町氏以来希有ノコト」であり、参加者全員にとって「一大愉快ナラスヤ」――を目にすると、鎖国状態の国を飛び出し、「室町氏以来」の数百年も直接交渉のなかった異国の文物に接しようとする若者の胸の高鳴りがヒシヒシと伝わって来るようだ。

本章では、中牟田倉之助と高杉晋作が記した記録から、当時の若者の異文化体験、理解をみておきたい。この二人を選ぶにあたっては特段の理由はない。あえて記すなら、二人が長崎出港以来、行動をともにすることが多かったからといったところだ。

なお中牟田「上海行日記」は中村孝也『中牟田倉之助傳』（中村孝也・中牟田武信、一九一九年）に、高杉の「遊清五録」については『高杉晋作著作集』（堀哲三郎編、新人物往来社、一九七四年）に従った。また引用文中のルビは筆者が振っておいた。

1 「誠に存外之振にて候事」

中牟田倉之助（天保八年＝一八三七年〜大正五年＝一九一六年）の略歴をみておくと、佐賀藩主・鍋島直正の推挙によって二〇歳の安政三年（一八五六年）に長崎海軍伝習所へ。佐賀藩海軍方助役として海軍力発展に努めた。明治維新後は海軍大学校長、軍令部長、枢密顧問官などを歴任。中牟田の上海行きは佐賀藩海軍方助役当時で二〇代半ばと思われる。

上海行き前後の長崎で大流行していたはしかに、中牟田も高杉も罹ってしまう。発熱は止まず、乗船は危ぶまれた。だが、鎖国時代に外国を見聞できるという〝千載一遇〟の好機を逃すわけもなく、二人は無理を押して乗船する。中牟田の資格は「御小人目附　鹽澤彦次郎」の「従者」であった。

中牟田は長崎抜錨前に幕府側から示された全一四項目に及ぶ「乗組員可相守規則」を記しているが、火気の取り扱いについて殊に厳しい。千歳丸が木造船だったことにもよるだろう。その他、航海中の水の使用制限、船内および上陸時における自由行動の禁止、異国産品の購入制限などに加え、①「役人之許なくして、外國人え音信すべからず」、②「異宗之儀は、堅御禁制に付、相勸め候もの有之候とも、一切携申間敷く事」の二項目がみえる。

上海に多く滞在している欧米人は「堅御禁制」の「異宗」の信徒であり、千歳丸一行に対し布教活動を試みることも考えられる——このような事態を想定したうえで、上記①②の両項目を加えたのだろう。異国でも鎖国の禁を守らせようとする幕府の〝苦肉の策〟といったところか。

四月二九日早暁に長崎を出港した千歳丸は台風に遭遇し、一行は激浪に苦しむ。長崎発から八日目に当たる五月六日朝、前部マストにオランダの、中部マスト最上部にイギリスの、後部マストに日本の、それぞれの国旗を掲げ、千歳丸は在上海オランダ領事館前に投錨し、上海到着を果たす。その時の情景を中牟田は、「上海滞在之洋船百艘も可有之歟。唐船は一萬艘も可有之歟。誠に存外之振にて候事」と記す。

「洋船百艘」はともかく、「唐船」の「一萬艘」は大袈裟がすぎるようだが、「誠に存外之振《にぎわい》にて候事」という表現からは、想像を遥かに超えた上海港の賑わいに度肝を抜かれた様子がうかがえる。当時の日本における唯一の〝国際港〟たる長崎も、天下の台所を誇る大阪も、将軍の御膝元である江戸すらも、やはりローカルにすぎる。国を開き諸外国と交易することの意味を、はたして中牟田は感じ取っていただろうか。

「直に供致し揚陸、和蘭コンスル（チ・クルース）處へ參る」。つまり幕吏は従者を従え上陸し、上海滞在中に世話になるオランダ領事館を表敬訪問する。

オランダ領事館からの帰路、一行が「所々徘徊致し候處數多之唐人集り跡より附副來り、暫時にても立止候へば、唐人取巻見物す」となる。そこで中牟田は、丁髷に袴、腰の日本刀という一行の「模様餘程珍ら敷覺候事」だから取り囲まれたと考えた。だが事実は違ったようだ。当時、上海では日本人一行は中国救援のために日本から派遣される万余の武士の一部であり、そのなかには「雲を駆る殺人マシーンの克原額」と「一日に千里を走破できる広真子」の二人の武術の達人がいるとの噂が流れていたというから、おそらく、その噂を確認しようと中牟田らを「取巻見物」していたと考えられる。

上海投錨翌日の五月七日、一行の動向は早くも上海の新聞紙面を飾る。

翌八日、幕吏は従者を引き連れ、オランダとフランスの領事館職員に先導され「上海を預かる奉行」である道台の呉照を訪問し、上海入港の目的を言上する。もちろん従者である中牟田も高杉も同道した。まず幕吏は、①商人を帯同したのは、上海での貿易の可能性を探るため、②上海滞在中の便宜供与を願いたい、③千歳丸には石炭、人参、煎ナマコ、乾アワビ、干藻、昆布、塗り物などを積んできたが、上海の貿易担当者に善処を願いたい――と申し出た。これに対し道台は、①要求はオランダ領事より聞いている、②上海の商人が貨幣鋳造用に銅を輸入するなど日本との間に長い通商関係はあるが、日本からの来航は初めてだ、③日清両国の間で通商条約が締結されるまでの間、オランダとの通商規約に準拠し、一切はオランダ領事に任せ、日本からの通商物資はオランダのものとして扱うこととする――と返答する。

幕吏と道台との遣り取りを中牟田は、次のように綴った。

「彼問ふ。御出張の方々の官名を伺ひたし。我答ふ。政府の銭糧金銀の出入を扱ふ官なり。彼言ふ。然らば中國にていふ布政司・便司參議といふ官に同じ。我問ふ。滞在中、従者に至るまで市中其外散策、見物差支なきや。彼答ふ。其儀苦しからず。但、方今、長髪賊、處在に出没して人を殺し、家を焼き、狼藉甚し。仍て英佛二國の軍隊に依頼し、防禦の配備をなす有様なり。遠路の徘徊は御無用になさるゝ方然るべし云々」

「長髪賊」、つまり太平天国軍が「處在に出没して人を殺し、家を焼き、狼藉甚し」い。これに対し清国は甚だしい「狼藉」を鎮圧することができずに「英佛二國の軍隊に依頼し、防禦の配備をなす有様」——清国政府は外国軍隊を迎え入れることで混乱を収拾し、太平天国軍の制圧を目指そうと考えたわけだ。

このような清国の姿は、勤皇か佐幕か。攘夷か開国かに揺れ動く当時の日本と重なってみえたに違いない。上海滞在は中牟田らにとってまたとない学習の好機を与えた。であればこそ道台からの「遠路の徘徊は御無用」などという忠言は、文字通り「御無用」だったようだ。なんでもみてやろう、である。

2 「餘り西洋人之勢盛ナルコト、爲唐人可憐」

上海滞在も一カ月ほどが過ぎた六月九日、上海市街から宿舎に戻る際、上海の城門閉鎖の門限に遅れてしまう。開門を要求するが、城門守備のフランス兵は規則を盾に聞き入れない。押し問答を繰り返すと、兵卒頭がやってきて日本人はフランス領事の客分だから開門せよと命じ、やっと開門させた。門の内外に待っていた多くの中国人は通行禁止である。いわば日本人は〝準西洋人〟としての扱いを受けたわけだ。この体験を中牟田は、「西洋人え相頼、門番爲致候處より、自國之城門を自國之人出入不叶様相成、賊亂之末故とは乍申、餘り西洋人之勢盛ナルコト、爲唐人可憐。支那之衰微、押て可知候也」と慨嘆し、「近來段々西洋人北京へ住居罷在候由、之は後には北京城も西洋人え防方相頼候哉と被考候」と続ける。

——上海防備を西洋人に依頼したゆえ、自国国土でありながら清国人は自由通行が許されない。太平天国軍が起こした混乱だが、西洋人の力が強すぎる。「唐人」の惨めな境涯からも「支那之衰微」を知ることができる。西洋人は北京に住むようになったらしいが、いずれ近い将来、北京の城市の防衛も西洋人に依頼することになろうか——国力の衰え、西洋人の横暴、自国のなかですら自由に往来することができない清国人。一歩油断したら、日本にも同じ災難が降りかかることを自覚したはずだ。

ここで、参考までに同室・高杉の「上海掩留日録」の「(五月)廿一日」の条をみておくと、この日は終日暇だったらしく、「上海之形勢」をじっくりと観察する機会を得た高杉は、「支那人盡爲外國人之便役英法之人歩行街市、清人皆避傍讓道、實上海之地雖屬支那、謂英佛屬地也、又可也、〔中略〕雖我邦人、可不須心也、非支那之事也」——「支那人」はことごとく外国人の使い走りとなり、イギリス人やフランス人が街を歩くと、「清人」は誰もが道を譲る。上海の地は「支那」に属しているはずなのに、まるでイギリスとフランスの属地だ。日本人としても心せずにはいられない。なぜなら、これは「支那」のみのことではないのだから——と綴られている。

上海のブザマな姿を、中牟田は「一、孔夫子之廟、當時別所に變じ、英人の陣所と相成居申候由、誠に可憐也」——中国文化にとって至誠至高であるはずの孔子像すらもが取り外され、別の場所に移動された挙げ句に、聖域中の聖域であるべき孔子廟は英軍兵士の宿営と化した。太平天国を逃れた無辜の民は、到る所で悲惨極まりない難民生活を余儀なくされている。上は至誠至高の孔子から下は無告の民まで、「誠に可憐」き情況にある——とも記す。

自国でありながら自国ではなくなった隣国の姿を目の当たりにして、中牟田は清国側に立つイギリスの狙いを推測してみた。

「長毛賊、耶蘇を信ずる様子、外國器械を多く用いゆ。大砲なども外國砲を用ゆる様子（小さい字で「英人云亞米利加人與之、或云英人私に與るならん」と注記）／英吉利斯は、表は爲清朝、長毛賊を防ぐと申し、内には長毛賊に好器械などを渡し、私に耶蘇教を施し、其實は、長毛賊を以て清朝を破らしめ、己清朝を奪ふ落着ならん。又毛長之方には、豫め耶蘇教を信じ、英吉利斯などを己が身方に致し遂に清朝の天下を奪ひ度、落着なり。天下を奪候得ば、英吉利との儀は如何とも可相成と策謀なせし様思はる」

——太平天国はキリスト教を信じているとのことであり、西洋の武器を多用している。大砲なども西洋製だ。（イギリス人はアメリカ人が供与しているというが、イギリス人が秘密裏に渡しているとも伝えられる）イギリスは表面的には清朝のために太平天国の攻撃を防禦するなどといってはいるが、内々に太平天国側に高性能兵器を供与するだけでなく、秘かにキリスト教を布教している。ということは、じつは太平天国を利用し清朝を敗北させ、清国を奪い取ろうという魂胆ではないか。天下を奪い取ってしまえば、中国は自分のものといってもいい。思うがままだ。これがイギリスの策謀というものだろう——

おそらく中牟田は、清国における清朝と太平天国の対立と混乱に対処する英仏両国の振る舞いから、英仏両国の日本における策動に思いを巡らしただろう。勤皇か佐幕か、攘夷か開国か——終わりなき死闘が繰り返され、社会の混乱と動揺が止まないなら、その間隙に乗じた英仏両国が日本を属国化させないとも限らない。清国が直面する悲惨な姿が、明日の日本に重なってきたはずだ。そこで中牟田は俄然、太平天国研究をはじめる。

3 「餘りに正直なる應答にて、流石に氣の毒にもあり」

某日、幕吏はオランダ公使の許を訪ね、千歳丸による渡航の当初目的である上海港での貿易の可能性について打診している。持参した品々が当初の目論見と違って売り捌けそうにない。オランダ側は値引けば売れると助言するが、長崎の相場に較べ安すぎる。だから持参した品々を持ち帰るしかなかった。残念だが、これが国際貿易の現実だったのだ。

某日、道台がオランダ公使を訪問するというので、日本側はオランダ公使の許に出向き、道台と会談することとなった。そこで中牟田の記録に基づいて、その場のやりとりを再現してみたい。なお◎は幕吏、▲は道台で、それぞれの話を簡略に現代語訳。中牟田の評語は原文のまま《 》で括っておいた。

双方の外交儀礼上の挨拶が終わると、
▲過日は当方をお訪ね戴きながら、返礼が遅れ申し訳ない。
《呉道台の挨拶也。辭令巧妙、先を越されて幕吏聊か狼狽の氣味あり》
◎過般は一同過分な饗応にあずかり感謝致します。
▲商売の手応えはいかがですか。
《探らる丶質問なり。幕吏受太刀となる》
◎あまり捗々しくありません。
▲ともかくも初回でもあることですし……。
《質問益々鋭利、受太刀もしどろもどろとなる》
◎帰国後、政府に報告したうえで再度の訪問もありますので、その旨をお含み願いたい。
▲持参された物資は残らず捌けましたか。
《追窮少しも緩まず。幕吏赧顔の至りなり》
◎残らず捌くつもりでおりましたが、いまだ所期の成果を挙げてはおりません。
▲上海にはいつ頃までご滞在で。
◎未定。日本人には芳しくない気候でもあり、持参物資が売りさばけ次第、可能な限り早めに帰国の心算です。

《知らんとする要領は皆知りたり。餘りに正直なる應答にて、流石に氣の毒にもあり、道臺、温顔にて慰めて曰く、》

▲上海は貴国と近い。蒸気船なら二、三日で往復できますので、時々、お越しください。

《道臺を免れて幕吏吻とす》

◎近日中に道台の役所に参上し、種々ご相談致したく。

▲過日は結構な品々を賜り深謝。日々、楽しんでおります。

◎つまらないもので恥じ入る次第です。（原文は「些少の品にて恥入候」）

▲日本製品は殊に品質に優れており、驚くばかりです。

清国は亡国の瀬戸際に立ち、上海は英仏両国に守られてわずかに命脈を保つ始末にもかかわらず、緩急自在で巧妙な外交手腕は健在だった。その姿は、「餘りに正直なる應答」に終始する幕吏とは対照的だ。時にたわいのない挨拶で、時に日本製品の素晴らしさを讃えて座を和ませ、肝心の貿易工作が不調であることを探り出す手腕に幕吏はタジタジの態だ。

おおよそ交渉事は、相手を相手以上に知り尽くしたうえで臨むべきだろう。だが、幕吏には事前の周到な準備がなかった。そこで、ぶっつけ本番の無手勝流に奔らざるをえない。「受太刀もしどろもどろとな」り、結果として口を滑らせ「餘りに正直なる應答」をしてしまい、相手の術策にはまりこみ、言質を与えてしまった。こちらの狙いは相手に見透かされてしまう。これもまた互いに異なる文化（《生き方》であり《生きる形》）が遭遇した際に発生する当然の〝化学反応〟だろう。

中牟田のみならず高杉もまた、千歳丸の幕吏は役不足の小役人であると綴っているところからしても、交渉不首尾の原因は幕吏の能力不足に求められそうだが、やはり長かった鎖国もまた大きな要因として考えるべきだ。

中牟田は英語が達者であったからか、イギリス、アメリカ、オランダ、ベルギー、ポルトガルなど上海在住の欧米人と精力的に接触を重ねている。なかでもジャーデン・マセソン商会と同じく鴉片貿易で財をなしたデント商会を二回訪ねているのが、同社で働いていると長崎で聞いた尾張の漂流民の「乙（ヲト）」、すなわち音吉と面談したかったからだ。

中牟田は「『乙（ヲト）』は漂流して後、上海に住めども、日本の恩義を忘れざる旨を嘗て長崎にて傳聞したりし故、面會して見たしと思ひ、訪問せり」と綴る。すでに長崎でも上海に在住する漂流民音吉が話題となっていたことになる。鎖国ではあるが、海外情報は秘かに国内に伝わっていたと考えられる。

だが、中牟田が音吉と言葉を交わすことは叶わなかった。前月には「普魯西亞人」の妻と三人の子供とともに上海を離れシンガポールに向かっている。音吉の弟を称する人物を訪ねたものの、日本人であることを隠し、真実を聞きだすことはできなかった。

中牟田が音吉から話を聞きだせたなら、アヘン戦争に英国軍兵士として参戦した音吉から、アヘン戦争のみならず英国事情やらデント商会のアヘン商法の一端、さらには上海での交易の実態などの情報や知識を得ることができただろう。音吉のシンガポール行きが少し早く、千歳丸の上海着が少し遅かったことが悔やまれる。

某日、高杉と連れ立って清国軍の練兵ぶりを見学した。青竜刀やら火縄銃やら。その旧式ぶりにあ然とし、やはり中国伝統の兵術は西洋銃隊の前ではまったく意味をなさないことを知る。西洋諸国の圧倒的軍事力を前にしては、勇ましくはあるが攘夷の掛け声などしょせんは蟷螂の斧にすぎないことを悟ったのではないか。

中牟田は上海滞在中、航海術について熱心に学ぼうとしている。高杉は「上海掩留日録」に、宿舎に留まって中牟田とともに「航海有益之事」を論じた旨を記し、「運用術、航海術、蒸氣術、砲術、造船術」などの航海学全般の「科課程」を学びたいとの中牟田の念願を書き留めている。この時、中牟田は病床にあり、高杉は看病の傍ら筆録したことだろう。

尊皇か佐幕か、攘夷か開国か。現在のように即時的でないことは当たり前だが、幕末の情勢は遠く上海の地にも逐一伝わる。浮き足立つ中牟田、高杉ら。一方の幕吏にしても当初の目論見は大外れ。日本から運んだ千歳丸積載の貨物は思うようには捌けない。長逗留すればするほどに損失は大きくなる。そうなったら、責任が発生してしまう。だが責任は負いたくない。逡巡の末、上海出港を決定した。

4 「嗟日本人因循苟且、乏果斷、是所以招外國人之侮、可歎可愧」

高杉晋作。生年は天保一〇年（一八三九年）で、上海滞在時は二三歳。帰国五年後の慶応三年（一八六七年）に没した。享年二七歳。これ以上、あえて記すこともないだろう。

実は千歳丸乗船時、高杉は中牟田と同じようにはしかが完癒してはいなかった。そこで一行に遅れ、夜に入ってから小舟を雇い、杖にすがって乗船している。体調に構ってはいられない。上海行きという絶好の機会を逃してなるものか、といった心意気が伝わってくる。

千歳丸の上海行きについて、「幕欲渡支那爲貿易、寛永以前朱章船以来未嘗有之事、官吏皆拙于商法、因使英人及蘭人爲其介、所乗之船亦英船、船将英商ヘンリーリチヤルトソン、其餘英人十四名乗船、皆關運用之事」――上海での貿易を計画しているが、役人なんて商売が下手だから、イギリス人やオランダ人を仲介役に立てようとしている。千歳丸はイギリス製造の木造船であり、操船も英国商らに任せている――とする。だが高杉は千歳丸による上海行きの真相を、「内情探索録」に次のように推測する。その部分を現代風に訳してみると、

――幕府は上海で諸外国との貿易を掲げているが、おそらく長崎の商人どもが長崎鎮台の高橋某に賄賂を贈り、ボロ儲けしようと企んでいるのだろう。江戸からやって来た幕吏にしても、多くは高橋某の仲間で、海外出張に伴い手にすることができる高額手当を狙っているのではないか。幕吏なんぞは取引については商人や長崎の地役人に任せっきりで、何も知らない。ただ商人からの報告を鵜呑みにして記録するだけだ。商人は通訳を仲間に引き入れ、通訳は何から何まで「外夷」に相談するから、すべてが相手にお見通し。かくてイギリス人とオランダ人の好き勝手のし放題ということだ――

乗船の翌二八日は「好晴、船中諸子云、今午後必解纜、而終日匆々、不發船（好天、同乗者は今日の午後には必ず出港するというが、終日、あたふたするばかりで出港しない）」と。そして「嗟日本人因循苟且、乏果斷、是所以招外國人之侮、可歎可愧」――日本人というヤツは、どうでもいいような些末な

物事に拘泥し、いざという時に果断な行動がとれない。こんなことだから、外国人にバカにされてしまうのだ。嘆かわしく恥ずかしい限りだ——と続けた。

5 「雖屬支那、謂英佛屬地」

上陸翌日の五月七日、「拂曉小銃聲轟於于陸上、皆云、是長毛賊與支那人と戰ふ音なるへし」。続いて、これが本当ならば、「實戰を見ることを得へし、心私かに悦ふ」と。さすがに高杉である。心躍らせ、押っ取り刀で銃声のする方へ一目散に駆け出していったに違いない。

千歳丸が投錨した長江の支流も「川流濁水」だった。イギリス人がいうには、停泊中の数千の外国船も中国人もともにこの川の濁った水を飲んでいるとのこと。日本人は上海に来たばかりで気象に慣れないうえに、朝晩こんな水を飲んだら「必多可傷人」と危惧した。はたせるかな、川の濁水のため同行者の多くが病床に臥し、なかには命を落とした者もいた。それにしても、ミョウバンをブチ込んで濁りを沈殿させた川の水を飲んでもなんともない中国人からすれば、日本人とはヤワな民族と思えたことだろう。日本人にとって「水」は清浄であって当たり前。ところが中国では「水」は濁っているもの。同じ漢字であっても、水に対するイメージには大きな違いがあり、意味する実質は違う。だが、中国文化の精華だと日本人が学んできた四書五経や『史記』以下の正史類など中国の古典には、そういうことが書かれているわけではない。中国人にとっては当たり前のことだから、わざわざ書くことはない。そこで日本人の常識で中国人が書いた文章を読んでしまうから誤差が生まれ、やがて誤解を引き起こす。

某日の黄昏、上海滞在中の世話になるオランダ人がやってきて太平天国軍は明日の朝には「上海三里之外」まで迫るようだから、「明朝必可聴砲聲」と。すると幕吏はビックリ仰天。だが高杉は「予却喜焉」と。面白いじゃないか。おおいにドンパチやってもらいたい、といったところだろう。

「徘徊」を続け観察を重ねた高杉は、上海は「嘗て英夷に奪はれし地」であり、「大英屬國と謂ふ而《て》も好き譯なり」とも。

「外國人之便役」「雖屬支那、謂英佛屬地」「大英屬國」と、高杉は過激な批判を繰り返す。

上海は「嘗て英夷に奪はれし地」であり、確かに「津港繁盛」してはいるが、それは「皆外國人商船多き故」であり、「城外城裏も、皆外國人の商館多きか故」である。「支那人の居所を見るに、多くは貧者にて、其不潔なること難道《いいがたし》」。だが「外國人の商館に役せられ居る者」、つまり外国商人に雇われている買弁商人だけは豊かに暮らしている。「少しく學力有り、有志者、皆北京邊江去」ってしまった。どうやら学問や志ある者は北京辺りへ去ってしまい、上海に残る中国人は外国商人のために働く少数の豊かな買弁商人と大多数の「日雇非人」だけということになる。だからこそ上海は、外国商人に占領されたも同然であり、「大英屬國と謂ふ而も好き譯なり」という結論になるわけだ。

6 「海外に知己を得るは、殆ど夢の如し」

太平天国軍の上海攻撃を防ぐために「支那人英佛人に頼」んだが、「其軍費何國より出すか」と尋ねると、「英人云、軍費我白だす、支那人云、自我贖《われより》ふ」との答えが返って来た。イギリス人と中国人の双方がともにわが方の出資だと。そこで高杉は「不分明也」と記す。

高杉は上海で出会ったアメリカ商人に対し、「弟近日讀英書、未得與人談、日夜勉強、他日再逢、欲得與兄能談（最近は英書を読んでおるものの、会話は不如意でござる。日々勉学に励み、次回面談の折、貴公とは話ができるよう努める所存なり）」と語っている。行動をともにすることの多かった中牟田は英語ができたから、おそらく中牟田がイギリス人から「軍費我自だす」という答えを引き出したのだろう。

これに対し中国人からの「自我贖ふ」との回答だが、中国人との筆談をまとめた「外情探索録巻之貳」の冒頭で、「我日本書生、少解貴國語、問答憑筆幸甚々々」と記しているところからして、「自我贖ふ」は高杉自身が筆談で聞きだしたように思える。

この「外情探索録巻之貳」には、上海で知り合った多くの中国人との会話が記されているが、感動を誘うのは帰国に臨んでの場面である。友情の証として揮毫を送られた高杉は、「弟、歸郷の後、此の記《もじ》を壁上に題《かか》げ朝夕閑讀《もくどく》し、以て鬱屈の氣を發《はら》す可し。海外に知己を得るは、殆ど夢の如し」と記した。返礼にと高杉は日頃愛用の硯を贈る。すると「閣下を知己と為すは亦一生の大快事。何ぞ敢えて再び厚賜を承けん。況や此の硯、大兄常用するところなりて、此の物、亦甚だ珍《とうと》し。弟、其の人を得ざるを恐るも、之を却《かえ》さば、恐らくは不恭之誚《ひれいのそしり》を踏まん。謹んで拝謝致すを」と返ってきた。

「海外に知己を得るは、殆ど夢の如し」との筆談を交わしてから五年後の明治改元を目前にした慶応三年（一八六七年）、高杉は病に斃れた。享年二七歳。

それにしても、である。「海外に知己を得るは、殆ど夢の如し」との高杉の感慨は余りにも直截にすぎ、誤解を恐れずに表現するなら、哀れを催すばかりだ。

幕府役人は「入唐シ玉フハ室町氏以来希有ノコト」と口にしたが、それは数百年間、日中双方が生身のヒトとして相手の息遣いを感じながら接触したことはなかったことの別の表現だろう。実は日本は一貫して中国とは交渉があったが、それは文字のうえでのこと。「室町氏以来」、日本人は文字のうえの〝あるべき中国〟を一心不乱に学びはしたものの、〝そこにある中国〟に思いを馳せることはなかった。だが、そのことが却って中国に関する極端にまで精緻で豊饒な知識と教養を身に着けることにつながったのではないか。それはまたバーチャルな中国であった。

高杉らは、その知識と教養をもって上海で知識人や官吏と接した。彼らの身に備った素養と真摯な振る舞いこそが、「歸郷の後、此の記を壁上に題げ朝夕閑讀し、以て鬱屈の氣を發す可し」と「謹んで拝謝致す」との心の応酬につながったに違いない。

やがて日本は明治近代社会建設に突き進み、中国は依然として亡国の道に苦しむばかり。千歳丸が長崎に戻ってから半世紀後、辛亥革命が勃発し、アジアで初の立憲共和制の中華民国が建国されるものの、中国の混迷は続く。

「海外に知己を得るは、殆ど夢の如し」との高杉の感慨は、日中双方の若者が利害得失を超えて素直に付き合うことのできた奇跡の一瞬の別の表現でもあったと、強く思う。

（樋泉克夫）

第3章 日中関係における「歴史問題」
——中国の視点から——

1 日中間の「歴史問題」

日中間の「歴史問題」は、かつて両国のあいだに起きた戦争の捉え方をめぐる対立に由来する問題である。それは、戦争による死傷者の数や経済的損失などの問題よりも、戦争の性格や戦争責任に対する認識をめぐる対立である。この意味で、「歴史問題」は「歴史認識」とほぼ同意語である。

現在の日中関係は、一九七二年の国交正常化以来最悪な状態にあるといわれている。日本の首相の靖国神社参拝の是非や尖閣諸島（中国名、釣魚島）の領有権をめぐって両国政府は激しく対立している。国民のレベルにおいても、「反日」、「嫌中」の言葉が飛び交う状況下で、両国国民の相互イメージはかつてないほど悪い。非営利団体「言論ＮＰＯ」による日中世論調査によれば、日本に「良くない印象」をもつ中国人は七八・三％で、「良い印象」はわずか二一・四％である。中国に「良くない印象」をもつ日本人は八八・八％で、「良い印象」はわずか一〇・六％である。相手国に対する「良くない印象」はいずれも「良い印象」をはるかに上回っている。中国人が日本に「良くない印象」をもつ最も多い理由は、「侵略の歴史をきちんと謝罪し反省していないから」で、七〇・五％を占めている。日本人が中国に「良くない印象」をもつ最も多い理由は、「歴史問題などで日本を批判するから」で、五五・一％を占める。「良くない印象」をもつ理由として、双方とも「歴史問題」が最も多い（言論NPO、二〇一五）。

日中両国のあいだで一九七二年の国交正常化が実現されたことに続いて、一九七八年に平和友好条約が締結されている。にもかかわらず、なぜ両国のあいだにこれほど深刻な「歴史問題」が存在するのだろうか。その最大の要因は戦争終結のあり方にある。七二年の日中共同声明は、両国指導者のリーダーシップによって実現された政治的「和解」であって、国民同士の真の和解ではなかった。とりわけ中国では、日本との国交正常化は、毛沢東の「戦略的配置」として推し進められた。その際、戦争で肉親を失い、家を焼かれたなど大きな被害をこうむった人々や一般の国民は沈黙を強いられていた。一方、一九九〇年代以降の「愛国主義教育」キャンペーンを背景に、それまでに抑えつけられていた反日感情が高まり、日本の首相の靖国神社参拝や日本政府による尖閣諸島の国有化に抗議する反日デモの形で噴出した。以下では、七二年の国交正常化以降の日中関係を踏まえながら、中国側の視点から日中間の「歴史問題」について考えていきたい。

2　七二年体制―日中間の政治的「和解」―

一九四五年八月一五日、八年間続いた日中戦争は日本の無条件降伏で幕を閉じた。その後、中国では、国民党と共産党の内戦が始まり、一九四九年、勝利した共産党は北京で中華人民共和国を設立し、敗れた蔣介石の国民政府は台湾に撤退した。一方、日本は一九五一年のサンフランシスコ平和条約の調印で国際社会に復帰し、一九五二年に台湾の国民政府と日華平和条約を結んだ。日本と大陸の北京政権とのあいだには、二〇年以上国交のない状態が続いた。

一九七二年、アメリカのニクソン大統領の北京訪問と米中関係の急速な改善をきっかけに、日本と大陸の北京政権との関係に転機が訪れた。この年の九月二五日から二九日まで、当時の首相田中角栄一行は北京を電撃訪問し、毛沢東、周恩来など中国の指導者たちと会談した。双方は日中共同宣言に調印し、国交正常化を正式に決定した。共同宣言には主に以下の三つのポイントがある。①両国間の不正常な状態が終了する、②日本は台湾が中国領土の不可分の一部であり、中華人民共和国が中国の唯一の合法政府であることを承認する、③中国は中日両国国民の友好のために、日本に対する戦争賠償の請求を放棄する（外務省ウェブサイト）。

双方はわずか四日間の会談で、戦争を終結するというきわめて困難な課題を解決した。これは世界の外交史においても、まれにみる出来事であった。交渉にあたって中国側が事前に提示したほぼ唯一の条件は、日本が台湾と国交を断絶し、「一つの中国」という中国側の主張を認める。その代わりに、中国は対日賠償請求の放棄を確約し、日米安保条約の現状維持と日台実務関係の存続を受け入れる、というものであった（井上、二〇一〇）。中国側が台湾問題にこだわったのは、「中華人民共和国は中国の唯一の政府」、すなわち共産党政権の合法性を承認させる、という政治的ねらいがあったからである。

この七二年体制には一つの大きな落とし穴があった。すなわち、日本との国交正常化は毛沢東や共産党中央の指示によるもので、国民の合意に基づいていなかった。当時、まだ日中戦争が終わってから二十数年しか経っておらず、戦争で肉親を失い、家を焼かれたなど、直接被害を受けた人間は大勢いた。戦争を経験していない若い世代も、「地雷戦」、「地道戦」などの抗日映画を通じて、日本人は恐ろしい「鬼子」（「鬼のような人間」という意味）であるというマイナスな対日イメージをもっていた。なぜ突然日本との関係を改善するのか。戦争賠償をなぜ放棄するのか。多くの中国人は疑問をもっていた。

そこで、中国政府は各地で国民に対する教育キャンペーンを行った。田中首相一行の中国訪問より一カ月前の一九七二年八月、周恩来総理の主導の下で、「外交部の田中首相訪中における接待に関する内部宣伝提綱」がつくられた。それによれば、日本は中国の近隣であり、アジアの重要な国である。両国人民は一致して中日友好を望んでいる。日本と国交を樹立するのは毛主席、党中央の「戦略的配置」であり、中日両国人民の根本的利益に合致しており、台湾の「解放」、すなわち「二つの中国」という問題の解決にも有利である。「広範な日本人民は軍国主義の復活に反対するために戦っている。中日国交正常化を実現することは、日本の支配階級が日本軍国主義を復活させることを牽制する役割を果たすことにもなる。なぜなら、日本が中国と国交正常化を樹立するには、平和共存五原則を承認し、それを遵守しなければならないからである」（胡、二〇一二）。田中首相一行が北京に到着した日の夜、周恩来総理は、歓迎夕食会の席上で、「日本国民も、中国人民と同じく、日本の軍国主義者の共通の被害者である」と挨拶している。つまり、中国政府は、対内的にも、対外的にも、日本の軍国主義者と日本人民とを区別する「二分論」を用いていた。「二分論」の根拠は、世界各国のプロレタリアート階級の人々が団結して、ブルジョア階級や地主階級の圧迫から自らを解放し、社会主義、共産主義社会を実現させる、という階級闘争の理論であった。

「二分論」は日本に対する戦争賠償を放棄する理由の一つでもあった。当時、戦争賠償放棄の理由として、以下の三つが挙げられていた。①賠償は日本人民の負担を増やしてしまう、②第一次世界大戦後ドイツが戦争賠償の負担に苦しみ、復讐主義になって第二次世界大戦が起こった、③一部の国はすでに対日賠償請求を放棄していた（章、二〇一四）。当時の中国は「文化大革命」（一九六六～一九七六年）のただなかにあって、人々は全国に張りめぐらされた共産党組織によって厳しくコントロールされ、毛沢東に対する個人崇拝も頂点に達していた。「毛主席、党中央の戦略的配置」という至上命令の下で、人々は日本との国交正常化に内心不満があっても、沈黙を強いられていた。

七二年の国交正常化以降、日中関係は「友好」の時代に入った。一九七九年から日本政府の対中ODAがスタートし、低金利で資金を貸与する円借款は、中国の空港、港湾、鉄道の整備などのインフラ整備に投下され、その後の中国経済の発展に寄与した。日中友好の象徴として、一九八四年、胡耀邦共産党総書記の招請により、三〇〇〇人からなる日本の青年訪中団は中国を訪問した。訪問団は上海、北京、河南、山東などを訪れ、中国の若者から熱烈な歓迎を受けた。また、一九七三年に天津市と神戸市が友好関係を結んだのをはじめ、上海―大阪、北京―東京、南京―名古屋など数多くの友好都市が生まれ、相互に派遣される留学生も年々増えた。

しかし、一九八〇年代半ば、日中両国の「友好」関係に暗雲が漂った。中曽根康弘首相は「戦後総決算」を掲げて、戦後はじめて首相として靖国神社に公式参拝した。この中国側にとっての不測事態は、やがて日中関係を揺るがす外交問題に発展した。

3 「歴史問題」としての靖国神社参拝

近年、八月になると、日中両国のマスメディアは日本の首相の靖国参拝の話題で賑わっている。二〇〇一年以降、六回靖国神社に公式参拝した小泉純一郎元首相は、「戦没者に哀悼の意を表することのどこがいけないのか」と述べ、参拝は個人の自由や信条によるものだと主張した。多くの日本人はこれに同感し、「外国の圧力に屈せず」、靖国神社に参拝する政治家に喝采を送る人も少なくない。しかし、これは問題の一面しかみていない。日本では、当時、小泉首相の靖国参拝は憲法の政教分離の原則に反するとして住民訴訟が提起されており、元軍人の遺族らが靖国神社への合祀の取り下げを求める裁判も行われた。何よりも、政治家の靖国神社参拝は、戦後の国際秩序に対する日本の姿勢に関わる重要な問題である。それゆえ、中国や韓国だけではなく、アメリカも安倍晋三首相が二〇一三年一二月二六日に靖国神社に参拝した後、「失望した」というコメントを発表した。靖国神社参拝は日中、日韓間の問題だけではなく、日米間の「歴史問題」でもある。

では、中国の視点からみた場合、靖国参拝のどこが問題であろうか。一九八五年八月一四日、中曽根康弘首相が翌日に靖国神社に参拝するとの報道がなされると、中国外交部は、靖国参拝は世界各国人民、とくに軍国主義の大きな被害を受けた中日両国人民を含むアジア各国人民の感情を傷つけることになるとし、参拝をしないよう警告した（外務省アジア局中国課、二〇〇八）。そして、参拝が行われた一五日、外交部は中江要介中国大使を呼び出して抗議した。このときのやりとりについて、後年、中江は次のように振り返っている。中国外交部の抗議に対して、中江は、「国のために命を捨てた人を、残されたものが弔うのは人間として当たり前のことである」と反論した。中国側は、「彼らは日本の国のために血を流した一般の兵士とは訳が違う。そんな人たちが合祀されている靖国神社を政府が公式に参拝することは、一握りの軍国主義者の名誉を挽回する事になるのではないか」と主張した。ここでいう「彼ら」とは、東條英機ら七人のA級戦犯のことである。中国側が問題視していたのは、靖国神社に「一握りの軍国主義者」も祀られていることである。中江がA級戦犯だけを別の場所に移して何か区別をすればどうかと訪ねたところ、中国側は「これでよい」と答えた（中江、一九九八）。そこで生まれたのがA級戦犯を靖国神社から外す「分祀」案であった。

一見すると、中国政府がA級戦犯が合祀されていることを理由に日本の首相の靖国神社参拝を批判するのは、日本の戦争責任を徹底的に追求しているようにみえる。しかし、実際はそうではない。もし戦争責任を徹底的に追求するなら、A級戦犯はもちろんのこと、極東国際裁判で有罪判決を受けたB級、C級戦犯についても、その合祀を容認することはできないはずである。

A級戦犯の合祀だけを問題視するのは、実は中国側の「政治的譲歩」であった。いうまでもなく、中国が日本の首相や主要閣僚の靖国神社参拝に反対するのは、参拝は日本が過去の戦争が侵略戦争であったことを否定することを意味するからである。この点に関しては、韓国政府や最近のアメリカ政府の立場も同じである。しかし、中国政府にとって、問題はそれ以上に複雑である。なぜなら、日本の首相の靖国神社参拝は、「一握りの軍国主義者の名誉を挽回する」ことになり、それによって、軍国主義者と日本人民を区別するというこれまでの「二分論」が虚構であったことが明らかになるからである。「一握りの軍国主義者」の範囲をA級戦犯に限定し、彼らにすべての戦争責任を負わせれば、「二分論」は論理的に筋が通り、また、分祀に対する日本国内の反対も最小限に抑えることが期待されるのである。実際、中曽根の靖国参拝後、当時の自民党執行部は東條英機ら七名のA級戦犯を靖国神社の祭神から外すよう関係各方面との調整に入った。しかし、分祀案は靖国神社や東條英機の遺族らの強い反対で実現されなかった（高橋、二〇〇五）。

4　未解決の問題――中国人の戦争記憶――

日中間の「歴史問題」は、仮にA級戦犯を靖国神社の祭神から外すことが実現し、あるいは日本の首相が靖国参拝を取りやめたとしても、問題の解決にはまだほど遠い。なぜなら、中国政府の対日「友好」政策によって戦争被害者たちの悲惨な戦争体験や記憶は置き去りにされており、それらが戦争を経験していない世代に受け継がれているからである。以下では、二つの事例を通じて、この問題について考えよう。

まずは、一九九二年天皇訪中の際に南京大学で起きた事件である。この年の一〇月、天皇・皇后は中国政府の招請により中国を訪問し、楊尚昆国家主席の盛大な歓迎を受けた。天皇・皇后は北京郊外の万里の長城や西安の碑林などを見学し、上海では大学の研究室や農家を訪ね、訪問先では道の両側に並んだ人々から歓迎を受けた。当時両国のマスコミでは、訪問は何のトラブルもなくすべての行事を終えたと報じられた。しかし、訪問から一四年後の二〇一六年、南京大学の元卒業生の一人のWeChat（中国版ライン）投稿によって、当時南京で学生による抗議の署名活動があったことがわかった。それによると、当時、南京大学歴史学専攻の女子学生数名は、中国訪問中の天皇・皇后が道の両側に並んだ市民の歓迎を受けたことをニュースで知った。彼女らはちょうどその頃、中国現代史の授業で七二年国交正常化交渉の際に中国が戦争賠償を放棄したことを学んだ。その夜、女子学生らは宿舎で語り合った。「八年間血みどろで抗戦したのに、賠償を放棄した。そのうえ、わが国の人々はこれまでのしこりを水に流し、道の両側に並んで日本の天皇を歓迎する。どうしてこんなことに納得できるのか」、「われわれが痛みを忘れていないことを日本の天皇に知ってもらいたい」と。憤慨して眠れなかった彼女たちは翌朝、抗議署名用の紙を大学の正門の横に貼り出した。まもなく共産主義青年団の関係者が現場に駆けつけて、「あなたたちはどうして突然こんなことをやろうと思ったか。誰かが手紙を寄こしたのではないか」と女子学生らに問い詰めた。彼女らは「いいえ、私たちはただ不平に思うだけです」と答えた。結局、「署名が多すぎると学校の秩序が乱れる」との理由で署名活動は中止させられた（蔣、二〇一六）。

もう一つの事例は、一九九〇年代初期に始まった民間の対日賠償活動である。一九九一年、北京市民の童増は全国人民代表大会（日本の国会にあたる）に対し、「一刻の猶予も許されない中国の対日損害賠償要求」と題した上申書を提出した。そのなかで、童は、かつてナチスの迫害を受けたユダヤ人が戦後ドイツから民間賠償を受けたことに触れ、中国は日本に対する戦争賠償請求を放棄したが、民間賠償を求めることはできる、と主張する。彼は全人代に対し、中国赤十字会に権限を与えて、日中戦争中日本軍によって被害を受けた人を対象に事実調査を行ったうえで被害賠償案を作り、日本に被害賠償を求めるよう建言した。

童増は上申書を提出したことで公安当局に一時拘束され、職も失った。しかし、彼の行動は中国各地で大きな反響を呼んだ。童のところには全国各地の戦争被害者やその遺族から一万通もの手紙が寄せられた。手紙には、戦争中に日本軍から受けた被害の事実や肉親を失った苦しみが生々しく綴られている。これらの手紙は英語に翻訳され、インターネット上で公開されている（「一万の正義の声—童増書簡—」〈１００００個正義的呼声—童増書簡—〉、http://www.10000cfj.org）。その後、童増は二〇〇六年に「中国民間対日賠償請求連合会」を設立し、中国人元強制連行労働者による損害賠償訴訟を支援するなどの活動を行っている。

以上の二つの事例からわかるように、中国では、多くの人々が七二年日中国交正常化交渉の際に中国政府が戦争賠償請求を放棄したことに対して不満をもっている。また、中央から末端までの政府機関は、国民の行動が政府の対日政策に抵触しないよう「配慮」をしている。南京大学の女子学生たちは、署名活動を通じて自分たちの「不平」の気持ちをより多くの人々と共有したかった。彼女らの怒りの矛先は日本というよりも、戦後処理を怠った中国政府に向けられていた。童増の対日賠償活動の根底にも、日本との政治的「和解」に対する不信と批判があった。二〇一四年、童は時事通信社のインタビューのなかで、日本人は過去の侵略の事実をよく知らない。その原因は、日本政府による侵略事実の隠蔽と「中国外交の問題」にある。「中国政府は七二年の国交正常化以降、賠償を放棄し、戦時中の日本軍の暴行を暴露してこなかった。『中日友好』のため日本を刺激したくなかったからだ。これが日本政府による『歴史改竄』や『侵略戦争否定』を生み出した」、と語っている（城山、二〇一四）。彼は、侵略の事実を隠蔽した日本政府と、戦争賠償を自ら放棄し、自国民が受けた戦争被害の事実を調査・公表してこなかった中国政府との関係を一種の共犯関係として捉えている。このように、日中間の「歴史問題」の背後には、中国人の心に残された戦争の記憶があり、世論の日本批判は共産党政権への批判につながりかねない。

5　もう一つの「歴史問題」――愛国主義教育と日本――

一九九〇年代、中国共産党中央委員会は民族の復興や国家の強盛をスローガンに、「愛国主義教育」キャンペーンを始めた。その内容は、中華民族の悠久なる歴史と優れた伝統文化、および、近代以降の外国からの「侵略と圧迫」に抵抗する歴史を教えることとされる。共産党中央は、愛国主義教育を実施する重要な場として、各種の博物館、記念館、烈士記念建造物を「愛国主義教育基地」に指定した。一九九七年に初めて公示された一〇〇の「基地」のうち、九つが列強による侵略と中国人民の抵抗に関するものであった。そのうち、遼寧省の省都瀋陽市にある「九・一八」博物館、ハルビンにある中国侵略日本軍七三一細菌部隊罪証陳列館、中国侵略日本軍南京大虐殺遭難同胞記念館など、日本軍の中国侵略に関係するものが数多く含まれている。

愛国主義教育の素材を集めるため、中央や地方政府は多額の資金を拠出して、七三一細菌部隊の人体実験や「南京大虐殺」における日本軍の残虐行為の調査・研究をすすめた。これを背景に、長年沈黙を強いられた人々は、戦争被害の体験を公に語るようになった。一九九五年、瀋陽市の退職労働者郝松青は、九・一八事変（満州事変）の屈辱の歴史を後世に伝えるため、九月一八日に防空サイレンを鳴らすよう市政府に提案した。郝は「満洲国」時代に中国人が毎朝東に向かって日本の天皇に敬礼させられたという自らの体験を振り返り、「亡国奴だったころは本当に辛かった。この屈辱の歴史を忘れてはならない」と述べた。郝の提言はただちに受け入れられ、現在、瀋陽では、毎年九月一八日、九・一八歴史博物館前の広場で防空サイレンが三分間鳴らされる（『光明日報』二〇一四年九月一九日付）。瀋陽に続いて、南京では毎年一二月一三日、重慶では毎年六月五日にそれぞれ日本軍による「南京大虐殺」と「重慶爆撃」の死者を悼むために防空サイレンが鳴らされている。現在では、この行事は中国一〇〇以上の都市に広がっており、そのほとんどが日中戦争期に日本軍によって命を失った人々を追悼するためのものである。

本来、愛国主義教育は過去の被害の歴史を記憶させるためのキャンペーンでもなければ、特定の国を標的とするものでもない。しかし、近代以降中国が外国から受けた「侵略と圧迫」の歴史のなかで、日本による侵略戦争は期間が最も長く、被害も最も深刻であった。愛国主義教育を通じて、中国を侵略した列強のなかでも日本は最大の加害国として改めて認識されるようになった。愛国主義教育を背景に、長年抑えつけられてきた戦争体験世代の被害の記憶が蘇り、戦争を直接体験していない世代も、戦争被害者の語りやリアルな展示を通じて被害を擬似体験するようになった。そこで醸成された一般の中国人の反日感情は、日本の首相の靖国参拝や尖閣諸島の国有化などに抗議する反日デモとして噴出した。今日の中国の反日ナショナリズムは、確かに政府が行った愛国主義教育のなかで助長されたが、過去の戦争に起因する人々の日本に対する反感は、政府によって作りだされたものではない。むしろ、戦争被害者の記憶が後の世代に受け継がれるなかで、中国政府は国民の声に耳を傾けざるを得なくなったというべきであろう。

6　国民同士の和解を目指して

これまでにみてきたように、一九七二年の日中国交正常化は、当時の両国指導者による政治的「和解」であった。そのため、日中間の「友好」関係の基盤は脆弱であった。中国の視点からみた場合、国交正常化にはいくつかの問題が存在する。第一に、日本との国交正常化交渉は、国民の合意なしに、毛沢東を中心とする共産党指導部によって進められた。交渉にあたって中国側が最も重視したのは「台湾問題」、すなわち日本が台湾の国民政府と国交を断絶し、共産党政権を承認することであった。第二に、戦争の被害状況を十分に調査せず、被害者に対する謝罪と賠償がないまま、日本との「和解」が成立した。戦争で被害を受けた人々の感情は置き去りにされた。第三に、当時の共産党政権は、日本の「軍国主義者」と「日本人民」とを区別する「二分論」を用いて、前者にすべての責任を負わせ、後者を免責した。「軍国主義者」の代表格とされるA級戦犯が祀られた靖国神社に、日本の首相や主要閣僚が参拝することで、「二分論」が虚構であることが明らかになった。一九九〇年代以降、共産党中央が主導した愛国主義教育を背景に、日本は近代以降中国を侵略した最大の加害国として改めて認識されるようになった。首相の靖国神社参拝や尖閣諸島の国有化など、日中関係の根幹を揺るがす事態が生じるたびに、中国国民の反日ナショナリズムの感情は反日デモとして現れるようになった。

小泉元首相の靖国神社参拝で冷え込んだ日中関係を打開するため、二〇〇六年には、安倍晋三首相と胡錦濤国家主席が会談し、日中両国がともに国際社会に貢献するなかで、互いに利益を拡大する「戦略的互恵関係」の構築を目標とする共同宣言を発表した。「戦略的互恵関係」とは双方が武力衝突を回避しながら、互いに自らの国益を最大限に実現する関係である。これは国家間関係の正常なあり方である。しかし、日中両国のあいだに「歴史問題」が存在する限り、「互恵」関係を築くのは困難であろう。七二年体制が当時の両国指導者のリーダーシップによって実現されたのと同様に、今日の日中関係の難局を打開するのも、政治家の努力と決断が不可欠である。靖国参拝問題においてA級戦犯だけを問題視するのは中国側の政治的譲歩であり、問題を解決するための現実的な対応といえる。しかし、もし日本の首相が過去の侵略戦争を否定し、あるいは首相が「外圧に屈すべきではない」として参拝を続けると、日中関係の脆い土台が崩れてしまうことになる。

政治レベルの和解に比べて、国民同士の和解ははるかに困難である。これまでに実施されてきた日中歴史共同研究や市民レベルの対話を続けることで、加害と被害の事実を明らかにすることは、国民同士の真の和解への第一歩である。日本はこれまでに中国政府に向き合ってきたが、戦争によって被害をこうむった中国の国民には向き合ってこなかった。過去の侵略戦争の加害の事実を認めて謝罪し、企業や民間団体が戦争の被害者やその遺族らに賠償金を支払うという形で戦後補償を行うことが、日中間の「歴史問題」の解決への近道であろう。

【参考文献】


浅田正彦（二〇一五）『日中戦後賠償と国際法』東信堂。

井上正也（二〇一〇）『日中国交正常化の政治史』名古屋大学出版会。

外務省アジア局中国課監修（二〇〇八）『日中関係基本資料集一九七二～二〇〇八』財団法人霞山会。

笠原十九司編（二〇一二）『戦争を知らない国民のための日中歴史認識―『日中歴史共同研究〈近現代史〉』を読む―』勉誠出版。

言論NPO（二〇一五）「第一一回日中共同世論調査」。

胡鳴（二〇一二）「田中訪中における中国の国民教育キャンペーン」『国際公共政策研究』第一六巻第二号。

城山英巳（二〇一四）「中国の著名『反日活動家』童増インタビュー」『文藝春秋SPECIAL』二〇一四年夏号。

蔣超（二〇一六）「過ぎ去った二〇年―一九九〇～一九九四南京大学の思い出―」南京大学共産主義青年団オフィシャル・WeChat（nandaqingnian）、二〇一六年六月一二日。

章百家（二〇一四）「中国の対日外交と一九七〇年代」高原明生ほか編『共同討議　日中関係なにが問題か』岩波書店。

高橋哲哉（二〇〇五）『靖国問題』筑摩書房。

中江要介（一九九八）「いわゆる『歴史問題』」『奉仕の理想探求語録』第二七号。

外務省ホームページ「日本国政府と中華人民共和国政府の共同声明」（一九七二年九月二九日）。http://www.mofa.go.jp/mofaj/area/china/nc_seimei.html（二〇一六年一〇月一日最終閲覧）

（黄　東蘭）

第４章　冥界旅行に描く漢族社会の特性
――階級・インサイダー・コネ・拝金・愛人――

1　『鬼土日記』と死後の世界

漢族は「家」（家族）を重視し、「鬼」を忌み嫌う。彼らが「鬼」を忌み嫌う理由は、「鬼」を単に日本語の「幽霊」に置き換えただけでは理解できない伝統的なアイデンティティが潜むからである。漢族の伝統的で儒教的な死生観では、「人」が死ぬと一〇〇パーセント「鬼」になる。その死後の世界が「鬼土」ではあるのだが、漢族の人たちは死んで「鬼」にはなりたがらず、葬送儀礼を施し、「鬼」から「祖先」へ、「祖先」から「神」へと昇格したがる。それでも、「人」が死ぬと「鬼」になる原理原則は変わらない。死後の「鬼土」の世界とはどのような世界なのであろうか。

そこで、近代作家が描くあの世の世界を読み解いてみることにした。小説『鬼土日記』（上海・正午書局、一九三一年七月刊行）は、張天翼（一九〇六～一九八五）が上海の左翼作家連盟に加入した当時に発表された作品であり、現代の共産党政権を支える近代人の意識をもって描いた「あの世の世界」（鬼士）である。張天翼は、建国後は児童文学作家として著名になるが、それ以前の彼は、中国では一般にいわれるように、「反偽善」「反庸俗」「反封建」をテーマに誇張した辛辣な風刺を得意とした作家であり、表現方法として得意なのがユーモアや不条理を交えた誇張と風刺である。そして、左翼作家として宗教的な価値観に偏在しなかった漢族の知識人が描いた『鬼土日記』には、生前から死後へと引き継がれる民族的アイデンティティの普遍的特質が、風刺と誇張を緩衝材として描き出されている。

そこで本章では、『鬼土日記』を読み解くことで、張天翼が誇張や風刺を込めながら描く死後の世界の構造を示し、漢族が死後も生前同様に継続させるであろう価値観を考察する。

また、『鬼土日記』は七万字に及ぶ長編小説で、日本語訳はまだないので、その作品のあらすじの紹介自体に意義がある。ただ、紙幅の関係で、本章では全体の構図を「あの世とこの世のすべては、原則としては同じだった」という点に絞り、物語内容を考察する。

2　張天翼の冥界旅行の小説—『鬼土日記』の特徴—

『鬼土日記』は、一九三〇年代のモダン都市上海での出来事を背景に、漢族に典型される中国人は、死んでもこんな生活を続けているだろうということを、デフォルメとアイロニーを交えながら描いた、七万字に及ぶ長編小説である。主人公韓士謙（かんしけん）は「鬼土」すなわち「あの世の世界」の出来事を四五日分の「日記」に記し、序文「〝鬼土日記〟に関する一通の手紙」において、「一見すると、彼らの社会と私たちのこの世の社会は違っていた。しかし皆さん、どうぞ少し注意深くみてください。

観察すると、ある妙なことに気づく。つまり、あの世の社会とこの世の社会はみたところ違うように見えるが、違うのは表面と形式だけで、実際にはこの二つの社会の一切合切は、もちろん人であろうと出来事であろうとも、すべては同じ原則のうえに成り立っているということだ。この二つの社会は同じであり、なんの違いもないのだ」と語っている。そして、「日記」の結論でもう一度繰り返し、「あの世とこの世のすべては、原則としては同じだった」と書き表している。

『鬼土日記』の特徴的な構図

■住居の決定と風俗

主人公韓士謙は「鬼土」（あの世、冥界）に渡る「走陰」という術を会得し、無事「鬼土」へ到着する。冥界では、高層に住む上流人と低層に住む下流人とに分かれており、友人の「蕭爺」（蕭氏）が保証人となり、地方政務局で人口登記を済ませ「高層住民許可証」を取得する。「蕭爺」は、「この層は高層と呼び、金持ちや紳士、学者という上流人が住んでいる。下の層は低層と呼び、無学な人や労働者、農民という下流人が住んでいる。執政官と官僚は当然上層で暮らし、この層に居住するすべての者の支配者となる」と説明する。なお、高層では鼻は性器を意味する恥部であり、鼻カバーをつけ、鼻という言葉自体が禁忌で、「上処」と呼んでおり、鼻をかんだり啜ったりするのは、男性用、女性用の「軽鬆処」（リラックスルーム）で行う。ちなみに、排尿・排便用は「衛生処」（トイレ）である。

■高層・上流人の法律と憲法

「最新市法大全」という法律では、高層に住む上流人の職業、身なり、挙動と、地底の下層に住む下流人が高層に来る際の身なりや行動が定められている。「憲法」とは、「本政治区に一一カ月と四日以上居住したものは、致誠をもって本区域を忠愛し、以下の義務に従わねばならない」とする「義務」である。さらに義務として「外人に本地域の美徳を宣伝し、本区域内の醜悪な事物を隠蔽すること」、「本地域と外人が衝突した際、自己の命を犠牲にして、他者の侵略あるいは本政治区域の防御のための持久戦に従事しなければならない」などと決められている。

「憲法」は、政権掌握者を抑止するための「憲法」ではなく、冥界の住人を拘束するための法律でしかない。

■冥界のカップル紹介所と愛人（配偶者）の決定

上流人の男性には「乖乖（クアイクアイ）」（かわいい子ちゃん）と呼ばれる愛人がいる。愛人は経済的な関係で結びつき、配偶者でもある。蕭氏の愛人の兄である饒三には愛人がいないので、一人を「物色」することになり、韓士謙は同行する。一つめの「和合紹介所」（カップル紹介所）の看板のあるところで、紹介された一三番の女性とはうまくいかず、二つめの「信義カップル紹介所」の五二番、李琬とカップルが成立する。

■冥界の都会大学教授・魏三山博士の現世認識―新聞記事「現世拉国の現状」（一）―

記事の内容「現世の拉国は、下流人が上流人を殺し尽くしてから、すでに下流人の大本営となり、およそ各国の犯罪者は皆ここへ亡命し、罪人の隠れ家になっている。……生まれたての赤子は料理の高級品となり、親は女児が生まれると煮て食べる。さもないと法律を犯したことになる。……この国の女性は下流の習慣をもっている。喜んで男性と乱交を行い、交わった後にすぐ男性の生殖器を切り落とし、襟元に掛け、それが多いと名誉だとされていた。……」などである。

■反駁意見の正当化には大物のコネ「拉関係」が必要―新聞記事「現世拉国の現状」の顚末（二）―

韓士謙が魏三山博士の記事に対し、「現世の拉国」は「それほど残酷ではない」と否定した際、そこに居合わせた新聞記者に聞かれ、新聞社五社はこぞって、「歴史学界の権威、魏三山を否定し、下流な拉国民に味方した韓士謙」という記事を掲載し、新聞各社は結束して韓は下流人だとして法廷に告訴しようとする騒動が持ちあがった。見兼ねた「蕭爺」（蕭氏）は平民（平民とは名ばかりの特権階級）である陸楽労に連絡をして彼の名義を用いて韓士謙を擁護する文面を各社に送り、陸平民は、「魏三山と韓士謙に関して、私たちが認めるべき歴史学の二派である」との立場を表明した。これにより新聞各社は態度を一転させ謝罪文を掲載し、韓士謙を魏三山と同等の歴史家だと認める。

■冥界の大統領選挙―当選は演説よりもトランプ「賭博」で―

現在の大統領、大登特登の任期満了に伴い後任の選挙がある。この小説を貫く一番重要な話の軸がこの大統領選挙である。現在は「坐社」（坐る党、トイレの便座に坐って用を足す党の結社）の総裁が大統領であり、次の大統領も二人の平民、陸楽労と潘洛が推薦するのが「坐社」総裁の巴山豆であり、彼らは国内の綿糸紡績工場の利益を背景に巨万の富と権力を手に入れている。一方、もう一人の平民、厳俊が推すのは「蹲社」（かがむ党の結社）議員の東方旦である。

まず、厳俊の演説は、国を愛し偉大な事業に従事するには、健康であるのに限り、病気は便秘が原因なので排便はかがんでするのに限ること、また、綿糸業はすでに成熟し世界を牽引しているが、今後は石油事業が重要で、一度戦争が起これば我が国は石油で破綻する、よって、「蹲社」の東方旦を大統領にするのがよい、という主張である。

次は、潘洛の演説で、彼は、排便は坐ってもかがんでも衛生上は問題なく、国民はかがんで排便するのに飽き飽きしているので、様式を変えるのがよく、かがむ様式に戻すと国民はがっかりして何もしなくなるので、国民の幸福と健康のために、私たちは「坐社」を推す、また、国内石油の生産量は少なく、製糸業を軽視し石油業に転換すると国際的な地位を失い危険なことである、と主張した。

三人めは陸楽労で、彼が潘洛の演説を賞賛し、二人の平民が「坐社」の巴山豆を推薦することになった。

最終的には、カードゲームの末、平民の陸楽労・潘洛連合が財力で厳俊に勝り、巴山豆の当選が決まる。

■スパイだったキリスト教宣教師朱神恩先生と二平民陸楽労と潘洛の破産

政府は、外国の企業が本地域で自分たちからお金を稼ぐのを禁止するため、「移民取締手続」を規定して厳しく入国を規制する一方、下層の下流人が働く製糸工場では、「守銭奴の黒幕政治反対、守銭奴の強引な選挙反対、打倒官僚主義的宴会」、「全世界の労働者の団結と上流人の覚醒を呼びかけ、守銭奴の手下で働くな」とも書かれたビラが配られ、サボタージュとストライキが起こっていた。そこで、平民・陸楽労と潘洛の信認の厚いキリスト教宣教師朱神恩が下層社会にスパイとして送り込まれ、一二人を検挙する。朱宣教師の探偵報告が臨時議会でなされ、首謀者には待遇改善と買収による「籠絡政策」を行い、共犯者のあぶり出しのため「凌遅」という手足を切り落とす拷問が秘密裏に行われた。

このような状況下で開かれた「平和遊芸大会」で、巴山豆大統領が演説している最中に、「打倒陸楽労！　打倒潘洛！　打倒厳俊！　すべての太上皇帝を打倒せよ！」と叫ぶ下流人にパトロール警官が発砲すると、会場が混乱し、発砲し続けた警官隊に五〇〇人以上が殺害埋葬され、首謀者二人は捕えられ、「剃猪豚法」という豚のように処理される天罰刑に処せられた。

翌日、「坐社」（坐る社団）の機関誌は、「打倒潘平民、打倒陸平民、巴大統領といい、打倒厳俊とはいわなかったのは、蹲社（かがむ社団）の党員と下流人とが結託していた証である」との記事を掲載した。すると翌々日、「蹲社」党が議会に不信任案を提出し、議場では「蹲社」党議員が「坐社」党議員を殴り、鼻カバーを引きちぎる事件が起き、混乱から国会は解散となった。

国会解散後、厳俊が金山で石油事業を拡充し、すべての準備が整い、銀行団は三京（三万万億）元の投資を承認し、すでにサインをした、との情報が入った。そこで、「この銀行は危険でもうすぐ倒産し、取り付け騒ぎが起こる」とか、「厳俊の石油採掘地域が買収され、石油会社は損をする」などのデマで攪乱しようとしたが、結局、銀行団が厳俊を応援し、たった一週間で陸楽労と潘洛は破産した。後でわかったのは、議会を解散に導くために、朱神恩宣教師は厳俊のために混乱を誘導し、陸楽労と潘洛を裏切っていたのであった。

大きな身の寄りどころを失った主人公韓士謙は、現世に帰り、冥界を振り返ると、「あの世とこの世のすべては、原則としては同じだった」と思えたのであった。

以上、『鬼土日記』の「あらすじ」を原文の内容を活かしながら紹介した。

『鬼土日記』における顕著な特徴は、①社会的地位、身分を重視する階級制社会であるという点、②コネを通して地位、情報、金銭を共有し合うインサイダー世界であるということ、③「この世とあの世の世界」も「愛情」もすべてが金銭で解決できる拝金主義であること、この三点が顕著な特徴であり、「あの世もこの世も同じ原則」である。

3　階層・階級制度を重視する冥界社会——〈神〉による支配体制——

文化人類学者である渡邊欣雄は、「人はなぜ鬼を怕（おそ）れるのか」について、「『人死すれば鬼（き）となる、鬼は帰（き）なり』といい、かつまた『鬼、帰するところあれば、すなわち厲（悪鬼）とはならず』という。ここで、『帰するところ』というのは、死後、土に還って安んずるところである。時に応じて子孫の熱心な祭祀を受ければ、人を不安に陥（おとしい）れようとすることもない。しかし『陽寿』をまっとうせずに横死したのであれば、鬼は心安からず、死んでも死にきれないことになる。つまりは〈厲〉となってその仇を討とうとする」と説明する。

そのうえで渡邊は、漢族の宗教的宇宙には、神霊界（陰界、冥界）と人間界（陽界）の二つが存し、神霊界には「神明」（神）、「祖先」、「鬼魂」（鬼）の三種が存在するという。この神霊界の三種について、渡邊は図表にして次のように説明する。

図4－1

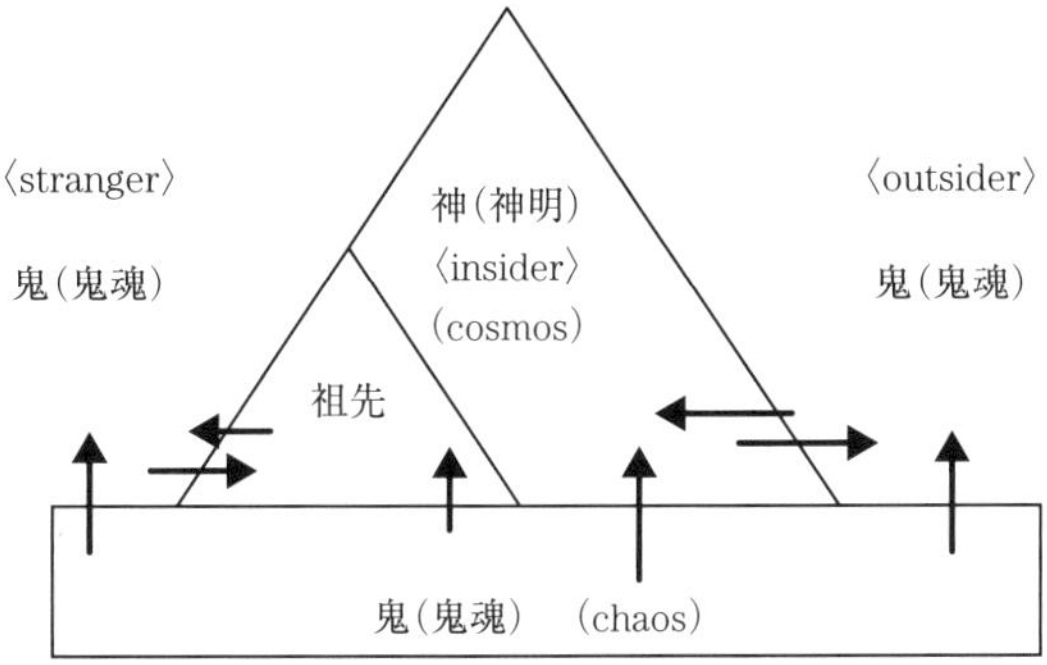

（出所）　渡邊欣雄「鬼の変化の動態的モデル」190ページ。
●宇宙三位：神（神明）・祖先・鬼（鬼魂）
●宇宙三界：天上界・陽界・陰界
●〈天上界〉＝〈神明〉，〈陽界・地上界〉＝〈位牌の祖先〉，〈陰界・地下界〉＝〈墳墓の祖先・鬼魂〉

図4－2

中国とくに漢民族の神霊界は、伝統中国の社会景観の反映である、と称することができる。この社会景観のなかで顕著な存在といえば、第一に皇帝であり帝国を代表するところの官僚である。そして第二は家族員や宗族員などの親族関係者であり、第三はストレンジャー（異人）であり、アウトサイダー（外人）であるが、これら異人・外人のなかでも賊徒や乞食である。三種のカテゴリーは人間界の社会分類だが、これらの分類が神霊界にも及んで、官僚は神、宗族の年長者は祖先、異人・外人は危険で賎しき鬼に比定されるのである。

（出所）　渡邊欣雄『漢民族の宗教―社会人類学的研究―』第一書房，1991年。

上流人は〈神・先祖〉の住む「天上界・陽界」に、下流人は〈鬼〉の居る「陰界」に相当

渡邊の説明する冥界（神霊界）の構図は、小説『鬼土日記』の作品世界の登場人物が配置される構図にかなり近い。

冥界の居住域が、高層と低層に分かれ、高層には上流人が、低層には下流人が住むことが次のように法律で定められている。

・第二章第二項、以下五種の人にして高層に居住すべし、①執政者および官僚、②実業家、豪商および地主、③紳士、④各種専門家および学者、⑤その他必要と認める者。
・第五項、高層に居住する者は皆上流人なり。
・第六項、上流人はすべからく上品にして懦弱、挙動は落ち着き、服装は端正を重んずべし。……粗語を話すべからず。……下部あるいは上處を露出せし者は、故意か否かを問わず処分を受けるべし。
・さらに下流人が高層を訪れる規定についても触れ、「第三項、下流人が高層に『来る』必要のある者（例えば、建築、運搬、給仕など）は、すべからく上流人の証明により地方政務局に申請し臨時の許可書の発給を受け、許可書の期限内において高層に出入りすべし」とある。

まさしく、高層に住む上記の上流人は〈神〉や〈祖先〉の存在であり、低層と呼ばれる下層に住む「無学な人や労働者、農民という」下流人は〈鬼〉の存在であって、漢族社会の伝統的観念であり、また現在にも至る観念である死後の世界を意味する「鬼土」には、厳格な階層制度と階級制が存在していることが描かれている。この考え方が漢族の現実社会の写し鏡であることは想像に難くない。

冥界社会は、平民政治とは名ばかりの覇権主義の恐怖政治

作品では、〈神〉の存在として、陸楽労、潘洛、厳俊の三人の平民政治家が描かれる。彼らが「平民」なのは名ばかりで、今は「デモクラシー」が主流なので、単に「平民」を名乗っているだけである。その証拠に「掃除の儀式」というものがあり、赤い絨毯が敷かれたところから平民陸楽労が登場

し、箒をもって掃除の真似事をして、観衆の賞賛をうるのである。

陸楽労、潘洛、厳俊の三人の〈神〉は、自分の膨大な利益を保証する「大統領」候補を擁立し、権力闘争を繰り広げる。

金銭により陸楽労、潘洛という二人の平民の秘密探偵として働いていたキリスト教宣教師朱神恩は、低層の下流人の世界にある綿糸工場でストライキやサボタージュを準備するためにビラを撒いたとして、一二人を捕らえて探偵隊に引き渡し、拷問にかけて秘密裏に殺害したと報告した。この金銭で結ばれていた宣教師朱神恩は、しかし今度は、インサイダー内部の裏切り者として登場することになり、「綿糸業」を支持した二人の〈神〉陸楽労、潘洛が権力闘争に破れ破産し、時代は「綿糸業」からさらに膨大な利益を生む「石油業」を支持した〈神〉厳俊の時代へと推移する。まるで、中国現代社会の〈神〉太子党の習近平と薄熙来の覇権争いさながらであった。その意味で、現代中国は〈神〉の復権であり、現代中国でも『鬼土日記』でも「法律」、「憲法」ともに一般国民を縛るものであり、〈神〉や政府や権力統治者を縛るものではない。

また、『鬼土日記』は道教的世界観や価値観で「あの世の世界」を描いているにもかかわらず「キリスト教宣教師」が登場し、「進化論」と対峙するキリスト教の価値観を力説すると、冥界世界の聴衆は自分の立場を弁護する理論として共感を示している。この点からも、漢族アイデンティティにおいては、そもそも宗教とは自分にとって都合のよい便利で役立つ教理であるべきなのかもしれない。

漢民族の金銭感覚を冥界での出来事を通してリアルに描くのもこの作品と特徴であろう。

4　万事〝金〟がすべての拝金主義――金満とケチの融合――

教育を受けるにはお金が必要

上流人「教育条例」

・家庭財産が三〇〇〇（元）以上の者は小学校に入ることができ、五万（元）以上の者が中学校に入ることができ、一〇万（元）以上が高校、六〇万（元）以上が大学、三〇〇万（元）以上が大学院に進むことができる。

・さらに、「教育条例」は、「下流人には高等教育を受ける権利はなく、彼らはただ平民千字教本を読了しうるのみで、進学することはできない」と規定している。なぜならば、下流人にとって知識はただ便利にすぎないからである。

・ただ、今後、議会は「強制教育案」を施行し、「低層にも小学校と中学校を設立しなければならない」とするが、それは、下流人が労働するには、最低必須の知識が必要なのだが、多くの下流人は中学教育を受けておらず企業家がとても不便に感じていることと、下流人が進学し学費を払うことにより政府の税収が増えることからであった。

出世するにはコネが必要

平民陸楽労の後ろ盾により、「韓士謙は都会大学歴史学科博士・魏三山と同等の歴史家だと認められた」後、新大統領巴山豆政権誕生の祝宴において、魏三山は韓士謙に対面した際に次のように、インサイダー同士で互いにかばいあい結束することを確認する。

「私は以前韓さんのことを知らなかったので、あなたが私の報告を否定したとき、新聞界と連合してあなたを告訴しようとしました。しかし今、韓さんは私と同じで、同様に陸平民に忠誠を尽くす人で、私たちはそもそも同志であったのだと知りました。……私は以前の誤解をお許しくださるよう誠意をもってお願いします。私たちは手を取り合い、足並みを揃え、平民思想のために尽力しましょう」と平民陸楽労とのコネをアピールする。

権力獲得には巨万の富も出し惜しまない――大統領選出の顚末――

大統領候補の一人は、二人の平民、陸楽労と潘洛が推薦する「坐社」総裁の巴山豆であり、彼らは国内の綿糸紡績工場の利益を背景に巨万の富と権力を手に入れている。もう一人は、平民、厳俊が推す「蹲社」（かがむ党の結社）議員の東方旦である。

議長が、二対一なので、厳俊に推薦を取り消すよう促すが、彼は降りなかった。そこで、決着はトランプ（ポーカー）ですることになった。議長がトランプを取り出し、三回シャッフルするが、そのときには音楽隊が演奏し、観衆がみつめるなか、カードは朱神恩宣教師に渡され、三平民に配られる。カードの交換は、国家銀行総裁が発行する小切手で行う。潘洛が五億元でカードを交換、厳俊は一〇億でカードを交換、陸楽労も交換、潘洛が二枚、厳俊と陸楽労がそれぞれ一枚交換し、交換した金額は、厳俊がすでに、九〇万京元に、陸楽労はすでに二五桁の金額になっていた。陸氏が加金し、厳俊もさらに九桁の金額を追加した。この賭博で動いた金額は、「現世の世界が世界大戦で各国が投じた金額の総計を超えた」と囁かれたが、このとき、国家銀行総裁が厳俊の破産を宣告する。選挙の推薦人は誰が財産がどれだけ多いかを競うものであり、巴山豆の当選が決まった。

その後、陸平民が国内の石油事業への大投資を予定しており、経験を有する厳俊には、彼のこの業界とのコネとノウハウを代償に賭博の損害金を返金することになっていた。

愛人紹介・出張一時愛人サービス・賢妻「エルボン奨金」への吝嗇ぶり

■「愛人紹介所」（「乖乖（クアイクアイ）」紹介所）

前出の饒三は「信義和合（カップル）紹介所」の五二番・李琬と「乖乖（クアイクアイ）」と呼ばれる愛人関係が成立するが、そのときのやりとりは次のように行われた。

紹介所では、現れた女性に紹介人が、饒三の年齢、学歴、財産に加え、「彼は、平民陸楽労とは身内（彼の本家の兄嫁の妹の夫の義母の妹が、陸平民の母の姉妹の夫のいとこの後妻になった人なのだ）としての交友がある。彼は毎月一万元をその愛人に小遣いとして渡したい。婚約の際には手付金二万三六二三元四角を納めるほかに、六万元を結婚費用として出したい」と紹介し、一方「李琬は、本政治区域の方で、歳は一五歳（七歳若くいう決まり）、国立都会大学のスポーツ選手養成科を卒業、家はとても裕福で、彼女の父親は有名なシングルテニス専門家の李教授です。李さんの体格は強健、容姿は美しく、立ち振る舞いは優しく上品、家事をうまくこなし、必ずや夫に至れり尽くせりのお世話をすることでしょう」と紹介する。彼女は結婚までに「三日に一度は有声映画」、「週に一回はレストラン」、「婚約指輪はダイヤモンド」、「婚約後は七〇〇〇元以上のダンス用ドレス」を要望し、饒三は了承したが、自分の提示した金額を割引にすることを要求し、六時間の議論の末五分引きに決定し、お互いがサインをして婚約が成立する。すると、「琬、私の琬。君を愛している。君は私のすべてだ」、「私もあなたを一目みたときから愛の力を感じました。ああ、世界でたった一人の王子様、あなたはロメオ……」と始まり、同時に、キスをし、「ああ、私たち二人の魂は融合して一つになった。ああ、Love is best!」といって、婚約が成立する。

■「出張一時の愛人（にせ愛人「假乖乖（ジアクアイクアイ）」）サービス」

平民倶楽部で臨時会議が終了すると、陸楽労平民は下僕に命じて、車で「一時の愛人」を呼んでくるシーンである。

朱宣教師は假乖乖（一時の愛人）を膝の上に坐らせて口づけをして彼女の鼻カバーを外し、その鼻を撫でた。「ああ、かわいい人。なんてすてきな鼻なんだ！」

その女は羞恥から手で鼻を覆い隠したが、朱宣教師は彼女の手を振り解いた。

陸、潘、巴は皆大笑いしていた。しかし、同時に朱宣教師の真似をして假乖乖の鼻カバーを外して、声は出さず、こっそりと彼女の鼻を撫でた。

見学だけの私の目線が偶然陸楽労とあう。陸民の顔は赤くなっていた。

「韓さん、申し訳ない、私たちは外見以外はこだわっていないんだ。……私たちは思想的には極めて解放的なんだ」といった。

陸楽労は假乖乖と踊り、大量の酒を飲み、飲んだらまた音楽に合わせて踊った。女たちは服を脱いで裸になり、歌いながら踊っている。曲名は「お兄さん、どう愛せばいいかしら？」である。女たちが歌い終わると服を着て、それぞれ一枚ずつ請求書を書いて彼らに手渡した。朱宣教師が受け取った請求書を私はみてみた。

お触り・四六カ所・九元二角／鼻撫で・七一回・二一元三角／ダンス・三〇分・一〇元／歌・一回・二〇元六角／合計六一元一角。

陸楽労が「お得意様に、いったい幾らおまけしてくれるんだい？」

「それはダメ」一人の假乖乖がいう。「私たちは値引きは一切いたしません」。

陸楽労が腹を立て、「警察局を呼んでお前たちを突き出してやる！」というと、潘洛がとりなして「わかった、よしよし、三割五分引きで払おう」と決着し、女たちはチップを要求するも渡さなかった。

■賢妻「エルボン奨金」の授与式

琪琪（キキ）女士は偉大な恋愛小説家・萬幸先生の妻で、都会大学の賢妻科を卒業している。その後に良人雑誌を創刊し、賢妻学に関して多くの著書を発表し、グレタゴ大学の賢妻博士号を獲得した。今回のエルボン奨金が彼女に与えられるのは、祖国繁栄のためとなるとのことで、賞金が授与された。

「送られる賢妻奨金は銀貨で一元二角九分七厘である（二割五分を引き、四捨五入によって実際は九角七分二厘八毛が送られる。為替料は差し引いておくものとする）」

なんとも侘しい賞金額であり、金銭が結びつける現実的な男女関係である。どうも女性が関わると、金払いが悪く出し惜しみしている。「あの世でもこの世でも」名誉には金を掛けるが、女には金を掛けない習慣なのだろうか。

5　『鬼土日記』のブラック・ユーモア

張天翼の小説『鬼土日記』は、「あの世の世界」（鬼土）を描きながら現実社会の風俗や因習を誇張と風刺を込めて写し取ったものである。まさしく「この世はあの世の写し鏡」である。一九二〇～三〇年代の上海では、西欧の現代主義小説とその各流派の作家や作品が『小説月報』等で紹介されている。張天翼『鬼土日記』にも、退廃主義、象徴主義、恋愛至上主義、厨川白村『近代の恋愛観』に書かれる「Love is best!」など、世界的に当時流行していたさまざまな流派とそのキーワードが盛り込まれている。

そして、この張天翼の小説『鬼土日記』が、中国における「ブラック・ユーモア」（黒色幽黙）の源流といえる。一九二四年にアンドレ・ブルトン（一八九六～一九六六）が行った「シュルレアリスム宣言」（超現実主義宣言）に端を発して展開したのが「ブラック・ユーモア」の作風である。ブルトンは一九四〇年『黒いユーモア選集（Anthologie de l'humour noir）』にユーモアのアンソロジーを編集、収録し、ここに収録した作品が、後に「ブラック・ユーモア」の概念を規定する。倫理的に避けるべき「死」、「差別」、「偏見」、「政治」などの「ネガティブ」、「グロテスク」な内容を含んだテーマを、「ユーモア」、「冗談」、「不条理」を交え、「誇張」、「風刺」的な表現で創作したものである。小説『鬼土日記』はこの定義のすべての要素を備えている。

（工藤貴正）

第2部

日中政治・経済編

（中国の対外認識、台湾政治、食がつなぐ日中経済）

第5章　現代中国のアジア認識と日中関係

本章では、国際秩序に対する中国の見方や対外政策の特徴を手がかりとして、中国がアジアをいかなる存在として捉えているのか、それらが、現在および将来の日中関係にとって、どのような意味をもつのかについて考察する。

ひとくちに「中国」や「アジア」といっても、そこに含まれる歴史的意味合いや地理的範囲はさまざまであり、両者の関係も多層多面に及ぶ。それゆえ、学問的手続きの第一歩として、まずは用語の意味を確定しておこう。本章で主に取り上げるのは、東アジア（東北アジアと東南アジアからなる）に対する中華人民共和国政府の対外認識と外交行動である。本文中で、中国、アジア、現代中国のアジア認識などという場合には、これらを指している。

以下では、巨視的対象から微視的なそれへと、分析の焦点を絞り込んでいくかたちで、議論を進める。第一節ではまず、世界とのかかわりを中心に、中国近現代史の歩みを概観する。第二節では、そうした歴史の記憶に基づき、中国の政治指導者たちの対外認識の特徴を明らかにする。これらの議論を踏まえて第三節では、中国からみたアジア、すなわち中国のアジア認識を考察する。また、中国と近隣諸国との関係のなかでも、とくに多くの問題を抱えている日中関係については、第四節で検討する。

1 近代以来の国際社会と中国

中国のアジア認識を考えるには、近代以来、今日までの世界全体に対する中国の見方を確認する必要がある。これは非常に大きく難しい問題だが、ここではひとまず、次のような見取り図を示しておきたい。

近代以来の国際社会と中国との関係を振り返れば、大別して四つのプロセスを経てきた。第一段階は、一九世紀末から二〇世紀初めの時期であり、イギリスやフランスを中心とする欧米列強によって、軍事力を用いた帝政中国への接触と侵入が開始された。換言すれば、西欧国家体系による東アジアの伝統的な国際秩序（「華夷秩序」と呼ぶ）への侵入とその漸進的崩壊の過程である（西欧国家体系については後述）。これによりアヘン戦争前の一八二〇年には、世界のＧＤＰ（国内総生産）の約三分の一を単独で占めていた清王朝は弱体化し（内閣府、二〇一一）、世界史に冠たる中華文明も消滅の危機に瀕した。

第二段階は、一九三〇年代以降に本格化する日本による対中侵略戦争と中国国民の抵抗である。われわれ日本人は、大日本帝国による中国侵略の歴史的事実と日本国家としての責任、および、それへの謝罪と反省が、現在の日中関係の政治的基礎であることを決して忘れてはならない。

第三段階は、一九四九年の中華人民共和国建国から、七〇年代半ばまでの時期である。冷戦構造のもと、五〇年代から六〇年代初めにかけて、中国はソ連をリーダーとする東側陣営の有力なメンバーであった。だが、中ソ対立と文化大革命期（一九六六～七六年）に突入すると、中国は国際的に孤立した。七一年から七二年にかけて、日本や米国との外交関係を正常化したが、内政の混乱を受けて、国際社会への復帰は十分に進まなかった。

第四段階は、一九七〇年代末から今日まで続く、国際社会への積極的参入とこれによる近代化の時代である。毛沢東という独裁者の死（七六年）と中国共産党第一一期中央委員会第三回全体会議（通称一一期三中全会、七八年）の開催以降、鄧小平の主導により、中国政治のテーマは、「革命」から「近代化」へと大きく転換した。二〇〇一年にはＷＴＯ（世界貿易機関）にも加盟し、資本主義世界システムへの全面的参入を果たした。今日、中国は、国際社会のなかで大きな発言力と存在感をもつようになっている。われわれがいま眼にしているのは、既存の国際システムの内部にありながら、みずからに有利な新しい秩序形成を目指す変革者としての中国の姿にほかならない。

２　中国の対外認識の特徴

以上のような歴史の歩みは、中国の対外認識、とくに中国の政治指導者たちの世界に対する見方に、いくつかの特徴を生み出した。

一つめは、〈屈辱の近代に対する心理的補償〉と呼ぶべきもので、国際社会において名実ともにトップクラスの国家になりたい、世界史の栄光ある地位を回復したいという欲求である。現在の中国の最高指導者である習近平・国家主席が、演説のなかで好んで使う「中華民族の偉大な復興」という言葉は、こうした心情を端的に示している。また、こうした強国志向が、今日の覇権国である米国をはじめ、日本や欧州の先進国グループに対する強いライバル心——ときには敵対心——につながることも、容易に想像できる。

二つめに、国際舞台に遅れて参加したために、各国に共有されているさまざまな規則や制度が作られてきた過程では、中国は十分な発言権をもたなかった。したがってそれらの多くが、歴史的には、欧米先進国の主導によって作られたため、〈中国にとっては本質的に不利なものだという強い不信感〉を抱いている。実際にはそうした見方が、必ずしも妥当といえないケースも多いが、ともかくも、みずからに不利だと感じられる決まりや仕組みは、積極的に変える必要がある。かつての弱く貧しい時代には、我慢もしなければならなかったが、世界第二位の経済大国になった今日の中国は、そうした現状変更の資格と実力を備えているのだ。このような自信と確信を、指導者だけでなく、中国国民の多くがもつようになっている。例えば、次の引用文は、中国による南シナ海での岩礁埋め立てに関して、二〇一六年七月に国際仲裁裁判所が、対立するフィリピンの主張に沿った判決を出した際、これに反論した中国外務省高官（副大臣級）と学者の発言である。そのなかにも、欧米主導への反発と既存の国際法秩序への不信の念が明確に見て取れる。

〈仲裁法廷の五名の仲裁人について、四名がヨーロッパ出身者であり、〉もう一名の裁判官はガーナ出身だが、……この人物は長期にわたって欧州に住んでいる。……この仲裁法廷の五名の裁判官には、アジア出身者が一人もおらず、むろん中国人はいない。彼らはアジアを理解しているのか？　アジアの文化を理解しているのか？　南シナ海の問題を理解しているのか？　アジアの複雑な地政学を理解しているのか？　南シナ海の歴史を理解しているのか？　彼らは何に依拠して公正な判決を出すことができるというのか？

（劉振民・外交部副部長、『人民日報』二〇一六年七月一四日付）

中国には、領土問題について歴史的に欧米主導の国際法体系から「被害を受けた」という潜在意識がある。中国は近代史のなかで領土や権利を失ってきたが、いずれの場合にも条約があり、「合法的」とされてきた。既存の国際法が形成される過程で、中国の意見はほとんど反映されなかった。中国が批准した国連海洋法条約も、成立過程で自国の主張がどこまで反映されるのか国内では反対も強かった。

（帰永濤・北京大学国際関係学院副教授、『朝日新聞』二〇一六年七月一三日付）

三つめの特徴として、自国と他国との関係を〈競争と力の階層関係〉で理解する傾向が非常に強い。植民地化の瀬戸際にまで追い込まれた歴史の記憶、そして、国是であるマルクス主義の進歩史観の影響のもと、共産党のリーダーたちが、国益とパワーを基軸とする現実主義的な国際政治観を信奉するようになったのはきわめて自然なことであった。国力競争を通じて、中国は、厳しい国際環境を抜け目なく生き抜いていかねばならない。それには彼我のパワーバランスの冷静なみきわめが必要だ。国際社会の他のアクターに対しては、まずは自分にとって敵か／味方かを判断したうえで、次に、自国よりも相手が大きいか／小さいか、政治、経済、軍事、文化などの総合的な国力が強いか／弱いかといった視点から、相手との立場を確認し、しかるべき対外政策を構想する。中国の統治エリートは、こうした上下の順位づけによって世界をみるのが、良くも悪くも得意である。

ただし、こうした階層的な国際観念は、一七世紀のヨーロッパに始まり、今日では世界全体に広まった国際秩序の基本的な理念、いいかえれば、現代の国際法の素地となっている見方（西欧国家体系、主権国家体制などと称される）とは必ずしも一致しない。なぜなら、国際紛争を平和的に解決するために発展してきた国際法とは、国の大小や強弱のいかんにかかわらず、互いに平等な主権を有する複数の国家間関係を前提として成立しているからだ。

富める者も貧しき者も、老いも若きも、男も女も、みな等しく「一人一票」という形式的な平等性が確保されていることが、国内政治の安定にとって不可欠であるように、国際社会においても、国家間の水平的な平等関係が擬制され、同時に、実態的にも、それが一定程度確保されなければならない。そうでなければ、国際社会は守るべき共通のルールや手続きの存在しない、弱肉強食の世界と化し、暴力と混乱が支配する無秩序な状況に陥ってしまうだろう。

3　中国にとってのアジア

前置きが長くなったが、「中国にとってアジアとは何か」、すなわち、中国がアジアをいかに理解し、どのように位置づけているかという問題への回答は、以上の議論を手がかりとして明らかにすることができる。

第一に、中国の指導者にとって、アジアとは、それ自体で自律的に存在し向き合うべき存在というよりも、もっぱら日本や欧米の先進国グループとの競争の文脈で理解され、意義づけられるとともに、中国国家の生存と安全のために、自国の影響力を維持、拡大するための対象にほかならない。

実際、中華人民共和国の外交史において、「アジア外交」が重要なテーマとして浮上するのは、せいぜいのところ一九九〇年代以降のことであり、二十数年の歴史しかない。これより前の中国にとって、近隣のアジア諸国は、冷戦の国際環境のもと、欧米や日本の西側陣営、さらに、中ソ対立後にはソ連をも含む「帝国主義国家」からの独立と解放を手助けし、それらに対してともに戦うべきパートナーとみなされていた。しかし皮肉にも、大半のアジア諸国の反応は、革命を輸出して自国の内政に混乱をもたらそうとする毛沢東時代の中国にはきわめて冷淡であり、とくに東南アジアでは、外交関係を断絶する国も数多くあった。

上述のように、中華人民共和国が、冷え込んだ近隣諸国との関係改善に動き出したのは、ポスト冷戦期の一九九〇年代初めのことである。東南アジアに対しては、インドネシア（九〇年八月）、シンガポール（九〇年一〇月）、ブルネイ（九一年九月）、ベトナム（九一年一一月）など、外交関係を矢継ぎ早に正常化した。東北アジアでは、九二年八月に韓国と国交を樹立し、韓国は台湾（中華民国）との外交関係を断絶した。これ以後現在まで、中国は経済分野を中心に、アジアの多くの国々と、二国間・多国間の協力関係を積極的に推進するようになっている。

中国がアジアの隣国との関係改善を急いだ理由は、一九八九年の天安門事件と九〇～九一年の第一次湾岸戦争であった。天安門での武力弾圧を非難した欧米先進国は、中国に経済制裁を発動した。また、自国の軍隊と同じく、ソ連製兵器を主力とするイラク軍が、米軍を中心とする多国籍軍のハイテク兵器に無残に敗北する様子を眼にして、中国の政治家と軍人は驚愕した。それゆえ、天安門事件と湾岸戦争に代表される冷戦終結直後の国際情勢について、自由民主主義の勝利という楽観論が広まった西側陣営とは異なり、中国では、みずからをとりまく安全保障環境への不安、より端的にいえば、共産党政権の持続可能性について、統治エリートのあいだで、不安心理が相当に高まった。こうした懸念を払拭するため、中国政府は東南アジアや韓国をはじめ、周辺諸国との協力を重視し、関係の再構築に注力した（益尾、二〇一五）。

こうして中国にとっての、日本を除く対アジア近隣外交——中国政府の公式用語では「周辺外交」という。この表現には、周辺（periphery）に対する中心（core）、すなわち〈中国〉の存在が示唆されている——は、米国とその同盟国である日本への牽制、対抗の意味合いを強めつつ、今日まで続いている。第二に、しかし、アジアに対する中国の外交行動をみると、いまこの地域で現に通用しているルールや制度、意思決定の手続きなどを、中国が十分に尊重しているかと問えば、必ずしもそうとはいえない。

周知のように、近年では、中国の海洋進出に対し、国際的な非難が高まっている。中国は二〇〇八〜〇九年を境に、軍事力と海上法執行機関の準軍事力を積極的に用いて、東・南シナ海への進出を目指すようになった。南シナ海の領土と権益をめぐる中国とフィリピンの対立については、すでに述べた。二〇一六年六月には、中国軍艦が尖閣諸島沖の接続水域に初めて侵入し、一触即発の事態さえ懸念されている。尖閣沖で中国公船による初の領海侵犯が発生したのが、わずか九年前（二〇〇八年一二月）であったことを想起すれば、事態の深刻さは多言を要しない。注意すべきは、海洋権益をめぐる中国の主張と行動が、国際社会の存立基盤にとって挑戦的な性格を強めていることだ。米国が「航行の自由」や「飛行の自由」を繰り返し強調することの背景には、国際法の独自解釈を主張し、実質的にはその侵害を正当化しようとする中国への強い警戒感がある。

既述のとおり、現行の国際ルールや制度、意思決定の仕組みに対し、中国は、強い不信の念を抱いている。この結果、既存の国際秩序に対する中国の外交行動には、次の五つのパターンがみられる（鈴木、二〇一三）。

（1） Cooperation
既存の国際秩序を積極的に支持し、建設的な批判者としてふるまう。

（2） Free Rider
自国の利益の拡大にかなう範囲において、ルールや仕組みを消極的に支持し、利用する。

（3） Going My Way
現行の国際的なルールや仕組みとは別に、独自の路線・立場・政策を追求する。または、既存の枠組みから離脱する。

（4） Veto Group
政治学の用語で「拒否権行使集団」と訳される。十分な協議や対案の提出なしに、積極的に阻止行動を行う。例えば、他人が何か行動しようとするとき、邪魔することだけを目的に、どのような意見に対しても、嫌がらせ的に反対する人がいる。これは、拒否権行使集団的行動である。

（5） Overturn

文字どおり、既存の秩序や現行のルールを「ひっくり返す」ことを目指す。いまある秩序を転覆して、みずからに有利な新秩序の形成を模索する。

中国の従来の外交実践をみると、貿易などの国際経済の規則や制度に対しては、（1）（2）のいずれかの立場をとることが多い。また、アジア開発途上国の成長に協力するとの理念を掲げて、二〇一六年一月には、中国が中心となってアジアインフラ投資銀行（ＡＩＩＢ）という国際銀行が設立された。これは（3）の動きと理解できる。

アジアと世界の将来にとって、より大きな問題は、（4）と（5）のパターンである。繰り返し述べてきたように、中国の海洋進出をめぐっては、日本や東南アジア諸国など、関係国と中国とのあいだで摩擦や軋轢が高まっている。中国側の自意識はともかく、外部の多くの観察者にとって、中国の行動が（5）のようにみえるのは否定できない。上述した国際仲裁裁判所の判決を受けて、中国共産党の機関紙『人民日報』のネット論評には、「国際政治は力がすべてであり、いまは力が足りないので、隠忍自重して国力強化に努めるべき」との主旨の論説文が掲載された。

南シナ海の問題で、なぜ米国は太平洋を越えてまでやって来て、勝手な意見を述べたり、でたらめな命令を下すのか？　理由は簡単だ。米国が世界第一の強国だからだ。このことが、われわれに与える教えとは、強大になって国際社会に武力や威勢を誇示すべきということではないが、国家は強大になってこそ、はじめてリスクやチャレンジを恐れなくなるということだ。仮にいま、中国が世界第一位の経済体で、世界最強の軍事力をもっていたならば、南シナ海問題や釣魚島〔尖閣諸島の中国側呼称〕の問題について、一部の国々は〔米国、フィリピン、ベトナム、日本などを指す〕、現在のような大胆不敵な行いをするだろうか。それゆえ、結局のところ「発展こそ道理」なのだ。

（李健広ほか、二〇一六年七月一五日付）

国際政治における力の信奉を、これほど赤裸々に表明する姿をみれば、アジアの近隣諸国が、中国に不安を抱くようになるのも無理からぬことであろう。

4　日中関係の課題

一九九〇年代以来、日中関係は、歴史や海洋の問題をめぐって対立と一時的好転を繰り返しつつ、全体的には冷却化の方向に向かっている。近年では両国の国民感情は悪化し、互いの政治的意志と行動をめぐって疑心暗鬼に陥っている。二〇一五年に発表された世論調査では、次のような結果が得られた（表5－1）。

表5－1の調査結果は、次の三点を示しており、興味深い。

第一に、日中間の国民感情について、現状はたしかに悲惨であるが、しかし、関係改善を望む人も、両国では多数を占めている（a、b）。決して楽観できないし、簡単でもないが、関係改善への意欲とその実現可能性は、ひとたび本格的な回復軌道に乗りさえすれば、比較的に高いともいえる。

第二に、日中両国民の、相手国に対する負のイメージ形成の要因には、違いがみられる。中国の対日観のキーワードが「歴史問題」「尖閣諸島」「対中封じ込め」だとすれば、日本の対中観では、「歴史問題」「中国の外交行動」「国際規範」の影響が大きい（c）。このうち後二者は、実質的にはほぼ同じ心情、すなわち、規則を無視する強引さ、国益追求の傲慢さへの反発を指すものと思われる。

第三に、中国側の日本に対する「良くない印象」と「良い印象」の理由を総合すると（c、d）、歴史と尖閣の問題を政治的に封印するとともに、直接交流がやはり大切である。美しく衛生的な自然・生活環境、高度成長を実現した勤勉さや礼儀正しさなどの国民性のイメージ、先進技術と高品質の物質観念などを切り口とすれば、いくぶん単純ないいかたかもしれないが、〈より多くの中国の人々に、実際に日本に来てもらい、現実の日本社会と日本人に触れ、日本製品をおみやげに買い、楽しい思い出とともに帰国してもらう〉のが、対日イメージの改善には相当有効である。

メディアでも頻繁に報じられるとおり、近年では、日本を訪れる外国人観光客が急速に増え、なかでも中国人が大きな割合を占めている。二〇一五年の日中両国の往来状況をみると、訪日中国人数は約五〇〇万人に達し、過去五年間で三倍増である（『朝日新聞』二〇一六年六月一六日付）。この状況は、経済的利益のみならず、日中関係全体にとってもおおいに歓迎すべきことである。社会文化の各方面の交流を通じて、対日イメージの改善にもつながり、日本のハードパワーとソフトパワーの両方の向

表5－1　言論NPOと中国日報社による「2015年日中共同世論調査」

(a) 日中両国ともに相手国に対して「良くない印象」を持っている者が，約8～9割に達する。

相手国の印象について，「良くない」「どちらかといえば良くない」と答えた人は，日本側が，前年比－4.2ポイントの計88.8％。

中国側は計78.3％で，前年から8.5ポイント改善した。

(b) しかし同時に，日中両国で，約7割の人が「日中関係が重要」と認識している。日本では7割，中国でも5割以上の者が「日中の国民感情の悪化を心配し，改善する必要がある」と答えている。

(c) 相手国の良くない印象の理由について，日中の上位3つは，以下のとおり。

（日本）　歴史問題などで日本を批判するから（55.1％）
資源やエネルギー，食糧確保などの行動が自己中心的にみえるから（53.0％）
国際的なルールと異なる行動をするから（47.9％）

（中国）　中国を侵略した歴史についてきちんと謝罪し反省していないから（70.5％）
日本が魚釣島を「国有化」し，対立を引き起こしたから（68.1％）
日本は米国と連携して軍事・経済・イデオロギーなどの面から中国を包囲しようとしているから（41.1％）

(d) 相手国の良い印象の理由について，中国側の上位は，以下のとおり。

日本人は礼儀があり，マナーを重んじ，民度が高いから（57.0％）
日本人はまじめで，勤勉で，努力家だから（47.2％）
日本製品の質は高いから（43.0％）
日本の環境は美しく，自然が風光明媚で温泉などの観光地が多いから（40.1％）
日本は経済発展を遂げたから（36.8％）
日本の技術は先進的だから（33.5％）
日本は衛生的できれいだから（38.2％）

（出所）　言論NPO，中国日報社「2015年日中共同世論調査」（言論NPOウェブサイト，2016年6月24日最終閲覧，http://www.genron-npo.net/pdf/2014forum_d.pdf）。筆者による抜粋，整理。

上に寄与する。

第四に、しかし、将来的にさらなる悪化が心配されるのは、おそらくは日本人の対中認識である。なぜなら、日本側の中国観の「良くない印象」の主因が、歴史や尖閣の問題と同等、あるいはそれ以上に、中国の国際的なパワー増大と国際秩序に対する不透明な立ち位置、および、その具体的な対外行動における「法の支配」の軽視や、力による現状変更の動きに起因するものだからである（c）。近年の対中イメージの悪化により、二〇一五年に中国を訪れた日本人の総計は約二五〇万人で、過去五年間で三分の二に減少している。先にみた訪日中国人の趨勢と比べると、きわだった非対称をなしている（『朝日新聞』同前）。

またこれに関連して、既存の国際秩序とアジアの地域安全保障にかかわる中国の認識が、他の多くの国に比べて相当程度異なっていることも指摘できる。二〇一四年六月、米国の戦略国際問題研究所（CSIS）が発表した報告によれば、調査対象となった一一の国や地域（日本、韓国、米国、中国、豪州、インド、インドネシア、シンガポール、タイ、ミャンマー、台湾）のうち、中国の専門家だけが、①東アジアにおける米国の関与と、②アジアの安全保障に対する中国の影響について、まったく異なる見方を示した。①の問題について、中国を除く一〇カ国平均で八五・八パーセントの識者が、米国のアジアリバランス戦略を「支持」する一方、中国では七七パーセントの者が「不支持」を表明した。②に関して、中国を除く一〇カ国平均で六五・六パーセントの者が、東アジアの安全保障に対する中国の影響を「非建設的」とみるのに対し、中国の専門家の八三パーセントは「建設的」と答えている（鈴木、二〇一四）。こうした状況を考慮すれば、中国側の自己中心的な対外行動について、少なくとも短期的には、大きな変化は期待できないし、結果として、日本国民の対中認識改善の見込みも少ないだろう。

5　平和で安定的な日中関係に向けて

前節で紹介したＣＳＩＳレポートの結果をみる限り、中国の国際観念はまぎれもなく孤立している。同時に、既存の秩序を軽視した独善的な外交姿勢が、日本人の対中イメージを著しく損なっていることも既述のとおりである。

ただし、誤解のないよう強調しておきたいが、国力が強くなれば、従来よりも多くの発言権や利益配分を求めるのは、なにも中国に限った話ではない。近い過去では、第二次大戦時の日本やドイツもそうであり、それは世界戦争による膨大な数の死者と核時代の幕開けというかたちで終結した。こうした悲劇を繰り返さないためにも、歴史的な事実として、先進国が主導して作られた国際的な制度や決まりを、忌憚なく議論の俎上に載せて、問題点や修正すべき点を、中国を含む新興国とのあいだでしっかりと議論すべきである。日本政府は、「一部の国による法の支配を無視した、力による一方的な現状変更の試み」に反対しているが、これを裏返していえば、「法の支配に則った、対話と合意による変更と修正」の可能性は認めているのである。

以上のことは、平和で安定的な日中関係の構築にとっても、大きな意義をもっている。第二節でみたように、中国の対外認識の特徴は、歴史のトラウマ、現行の国際ルールや制度への不信、競争とパワーの重視、の三つであった。これを踏まえて日本の対中政策の要点を考えると、以下の三点がカギとなる。

（イ）戦争と侵略に起因する中国人の心の傷を癒し、日中間の歴史和解を実現するための、歴史問題に対する日本側の真摯な取り組み

（ロ）国際社会における法の支配を遵守するとの原則のもと、国際規範の変更と修正、新たな制定などをめぐる率直な話し合い——その第一歩は、国連海洋法条約などにみられるように、既存の国際法の中の曖昧な規定や問題対応への法的不備を利用して、各国がみずからに有利なように恣意的な解釈と行動を行う余地を狭めること

（ハ）力の対応として、専守防衛・紛争抑止・危機管理を目的とする日本の安全保障体制の整備

この三本柱は、セットとして総合的・同時的に追求すべきであり、なかでも（ロ）は、第四節でみたとおり、日本国民の対中認識の良し悪し、対中イメージの改善と悪化に対しても、直接的な影響を及ぼす。それゆえ、残りの（イ）（ハ）にもまして、より大きな努力が必要だろう。

要するに、〈制度形成に対する当事者意識の涵養〉こそが、国際秩序に対する中国の不信解消の重要なポイントである。翻ってこのことは、「国際関係の民主化」（二〇一二年一一月、中国共産党第一八回党大会の政治報告）を声高に叫ぶ一方、国内政治の民主化を拒否し続ける中国共産党政権に対し、そのダブルスタンダードを戒め、国内政治の制度形成に対する国民参画の必要性を促す重要な契機にもな

りうるだろう。このように日本の対中協力は、政府間関係の次元にとどまらず、両国の国民社会の課題をも念頭に置きながら、複眼的で長期的な視野に立って構想し実践していくことが肝要である。

本章の各節には、鈴木（二〇一四、二〇一六）の一部を下敷きとして、加筆修正したものが部分的に含まれている。必ずしも原形をとどめていないが、転載をご快諾いただいた東京財団と『公研』編集部には、特記して深謝する。

（鈴木　隆）

【参考文献】

鈴木隆（二〇一三）「国際援助社会に対する中国の見方とその外交的射程」下村恭民・大橋英夫・日本国際問題研究所編『中国の対外援助』日本経済評論社。
鈴木隆（二〇一四）「日中関係の現状と課題―最近の動向を手がかりとして―」東京財団ウェブサイト、二〇一六年八月六日最終閲覧。http://www.tkfd.or.jp/research/china/a00504?id=139
鈴木隆（二〇一六）「中国の海洋進出の根底にあるもの」『公研』（公益産業研究調査会）七月号。
内閣府（二〇一一）『世界経済の潮流　二〇一一Ⅰ　歴史的転換期にある世界経済―「全球一体化」と新興国のプレゼンス拡大―』二〇一六年六月二一日最終閲覧。http://www5.cao.go.jp/j-j/sekai_chouryuu/sh11-01/pdf/s1-11-1-4.pdf
益尾知佐子（二〇一五）「東アジアの安全保障環境」川島真編『チャイナ・リスク』岩波書店。
李健広ほか「南海仲裁鬧劇落幕、美国送給中国六個〝大礼包〟（原載、人民日報客戸端、二〇一六年七月一五日付）」『伝送門』二〇一六年一〇月二三日最終閲覧。http://chuansong.me/n/436951544064

第6章　中華民国から台湾へ
——台湾の変化が問いかけるもの——

われわれにとって、最も身近な隣人ともいえる台湾。豊かで民主的な台湾だが、国際社会での存在感はきわめて薄い。また、そのステータスについては、常に禅問答的議論がつきまとう。例えば、台湾の正式な国名は中華民国であり、台湾は俗称あるいは地理的名称にすぎない。日本は中華民国とは外交関係をもたず、台湾との経済、文化関係を保持しているにすぎない。さらに奇妙なことに、「自国の首都はどこか」という、常識的には問題になりえないことについて、台湾の人々の認識は一致していないのである。これを単純化して述べると、「わが国の名称は中華民国である」とするスタンス（統一派的立場に基づく建前論）に立つと、首都は中国大陸にある南京市である。一方、「わが国の名称は台湾である」とするスタンス（独立派的立場に基づく実態論）の場合は台北市である。どうして、このような事態が生じるのだろうか。

本章は、第二次世界大戦終結以降の台湾で起こった政治、外交面での変化を四つの時期に分けて考察することにより、この疑問に答えようとするものである。そして、最後に、本論で確認できる隣人の急速かつ激しい変化をわれわれはどう受け止めるべきかを考えてみたい。

1 中華民国の一部としての台湾(一九四五〜一九四九年)

マラヨ・ポリネシア語族の住む島、台湾は、一七世紀以降、オランダ(一六二四〜一六六一年。一時期、北部の一部をスペインが占領)、鄭氏(漢族。一六六一〜一六八三年)、清朝(満州族。一六八四〜一八九五年)の統治を経たが、その過程で大量の中国人(主に漢族)を受け入れてきた。そして、日清戦争での敗北を受けて締結された下関条約により、一八九五年以降は日本の植民地となる。

一九四五年八月の日本敗戦を受け、台湾は、連合国の一員であった、蔣介石率いる中華民国の統治下に入る。これは、長期にわたる異民族統治下にあった台湾からみると、念願の祖国復帰である。しかし、祖国に対する強い期待感は間もなく裏切られることとなる。それは、中華民国を率いる独裁政党の国民党が、日本に代わる統治者としてふるまったことによる。その失望感は「犬が去って、豚が来た」との表現に如実に表れている。食べて寝ることしか知らない大陸から来た中国人は、ワンワン鳴いてうるさいものの、少なくとも自分たちの身を守ってくれた日本人に劣る、ということである。そして、大陸からやってきたこの新たな統治者(中国人、外省人)に対する土着の被統治者(台湾人、本省人)の不満や失望感が間もなく一挙に吹き出る。「二・二八事件」の勃発である。発端は一九四七年二月二七日、台北市内で闇タバコを売っていた婦人(本省人)に取り締まりの台湾省職員(外省人)が暴力を振るったことに始まる。職員の行為に激昂した民衆のうちの一人が省職員の発砲によって死亡し、さらに翌日、省の行政トップの執務庁舎である行政長官公署に抗議に赴いた民衆にも発砲による死傷者が出た。これ以降、外省人を標的にした本省人による暴動が台湾全土に広まるが、最終的には大陸から派遣された国民党の援軍によって、本省人は徹底的に弾圧されることとなる。この事件を理由に虐殺された本省人は、知識人を中心に三万人近いともいわれる。台湾映画「悲情城市」は事件の悲惨さと不条理さを余すことなく描いている。

二・二八事件によって、その大部分が漢族という同一民族であるにもかかわらず、本省人と外省人のあいだに簡単には拭いきれない憎悪（省籍矛盾と呼ぶ）が埋め込まれる。当局による謝罪は一九九五年の記念日に李登輝総統によって行われたが、事件によって本省人の心の奥深くに刻まれた傷跡は今に至るも完全には癒やされていない。

2 台湾にある中華民国としての台湾（一九四九〜一九七一年）

中華民国は、一九四五年一〇月に設立された国際連合（国連）の原加盟国であり、常任理事国でもあった。その意味で、国際社会における地位は高かったが、国内では一九四六年以降、与党国民党は共産党との本格的な内戦に突入していた。当初は戦いを有利に展開していた国民党だったが、共産党の農村根拠地戦略に対応しきれなかったこと、党政軍内での腐敗の蔓延、そして、後ろ盾の米国に見放されたことなどから、一九四九年一〇月一日、中国共産党に中華人民共和国の建国を許すこととなる。そのため、国民党の中華民国は同年末、近い将来の大陸帰還を期し、台湾へ「一時避難」する。「台湾にある中華民国」の実質的な誕生であり、「二つの中国」の開始である。これ以降、中華民国は、共産中国とのあいだで正統性をめぐる争いを国際社会で展開していくことになる。

一九五〇年代から六〇年代にかけて、国民党政権は、数年前まで法律上は日本の一部だった台湾で新たな「国造り」を行わなければならなかった。それは一九四九年五月に敷かれた戒厳令のもとで行われた。まず、米国との関係強化が図られた。一度は米国に見放された国民党政権だったが、朝鮮戦争の勃発で、米軍は第七艦隊による台湾海峡の安全確保に乗り出し、また、一度は中止していた資金援助を再開した。さらに、一九五四年一二月の米華相互防衛条約締結で、台湾は大陸の共産党政権に対する防衛体制をより強化する。第二に、国民党政権自身の立て直し（党の改造）が行われた。この過程で、父でもある独裁者蔣介石（一八八七～一九七五）のもと、長男の蔣経国（一九一〇～一九八八）は次代の指導者としての政治的基盤を固めていくが、この時期、とくに五〇年代は、共産党員排除を名目に政治的異端者を弾圧する「白色テロ」が横行した。第三に、本省人に対する「中国化」教育が行われた。言語教育面では、政権側は一九五三年以降、本省人にとっては外国語同様の「国語」（北京語音を標準音とする中国語）の使用を強要し、生活用語である台湾語の使用を罰するようになる。歴史教育面では、「台湾は（大陸部を含む）中華民国の一部にすぎない」との立場から、教育内容の九割以上が「中国」（あるいは中華）関連とされ、「台湾」についてはほとんど言及がなかった。また、当然のことながら、国民党政権の汚点である二・二八事件はタブーとされた。

前述のように、中華民国は国連安保理常任理事国であったが、その地位は敵対する中華人民共和国からの挑戦を一貫して受けてきた。

戦後の国際社会は西側（資本主義陣営）と東側（社会主義陣営）とのあいだで冷たい戦争（冷戦）状態

にあったが、中華人民共和国は東側陣営に属するにもかかわらず、そのリーダーであるソ連とのあいだで深刻な対立関係にあった。そして、一九六九年三月の国境紛争以降、中華人民共和国にとってソ連は米国以上の脅威となる。一方、西側陣営の指導的立場にある米国にとってもソ連は最大の脅威であったが、一九六〇年代末になると、ベトナム戦争の終結（ベトナムからの撤退）が重要な政策課題となる。そのベトナム（北ベトナム）の後ろ盾が共産中国だった。以上を背景に、米国と中華人民共和国は急速に接近した。一九七一年七月、キッシンジャー大統領補佐官が秘密訪中し、ニクソン大統領の訪中と国交正常化に向けた根回しを行う。米中接近という劇的転換は世界に衝撃を与えることになるが（ニクソンショック）、この影響を受けた大きな動きが国連の場でただちに起こる。同年一〇月の国連総会は、当時中華人民共和国の最大の友好国であったアルバニアの提案を採択し、中華人民共和国の国連加盟と中華民国の国連追放を決議する。こうした流れのなか、中華民国の国連代表は、決議が採択される前に議場を後にした。みずから「脱退」することで、国家としての威厳を守るしかなかったのである。これ以降、国際社会で用いられる「中国」は、中華民国ではなく中華人民共和国を指すようになる。そして、国際場裏での「一つの中国」の正統性争いに敗れた中華民国は、「唯一の正統政府」の看板は決して下ろさないものの、事実上「台湾」として生き残る道を歩むことを余儀なくされる。

3　台湾にある中華民国から台湾へ（一九七一〜一九八八年）

中華民国が中華人民共和国との外交戦を展開していた時期は、蔣介石から蔣経国への権力継承の最終段階に当たる時期でもあった。蔣経国は最終的には、一九七二年に行政院長（首相）に就任し、一九七五年には蔣介石の死を受けて党主席と「中華民国」総統に就任することで、名実ともに最高指導者となる。

蔣経国というこの第二世代の指導者が国内政治面でなした最大の貢献は、その意図するところ如何にかかわらず、外交戦での敗北を受け、「虚構の中華民国」を「等身大の台湾」に改める作業の先鞭をつけたことである。

一九六〇年代中頃以降、台湾のＧＮＰ（国民総生産）は年平均一〇パーセント以上の高度成長を続けていたが、この新たなストロングマンは一九七三年、大規模インフラ建設を中心とする九項目の建設計画（後に、一つ加わって十大建設）を発表する。これは、一義的には、「大陸反攻」方針の下で強化されてきた軍事関連建設に比べて大幅に遅れていたインフラを強化するものであった。しかし、同時に、共産党との「一つの中国」をめぐる正統化争いに敗れたという現実を国民党政権が受け入れたこと、そして、「一時的な避難地」でしかなかった台湾が約四半世紀を経て初めて、永住の地たる建設対象となったことを意味した。この大規模プロジェクトの効果もあり、台湾経済は石油ショックの影響も短期間で克服し、高度経済成長を続けることとなる。

正統性争いに敗れた台湾ではあるが、中国が引き続き対峙すべき相手であることに変わりはなかった。しかし、一九七〇年代後半になると、対峙の様相は大きく変わり始める。中国側の国内情勢に重大な変化が生まれたからだ。絶対的指導者毛沢東の死と彼が起こした一〇年もの政治的混乱（文化大革命）の終焉（一九七六年一〇月）、そして、プラグマティズムの権化ともいうべき指導者である鄧小平の登場（一九七八年一二月）である。一方、台湾側における最大かつ深刻な変化は、米国との断交（一九七九年一月一日）による政治、安全保障面での後ろ盾の喪失である。これ以降、中国側が展開する積極的な「統一」攻勢を受け、台湾側はそれまで堅持してきた「三つのノー政策」（共産党側とは妥協せず、接触せず、交渉せず）をなし崩し的に改めていく。そして、一九八七年一一月、親族訪問を目的とした台湾住民の大陸訪問が解禁される。これは、台湾海峡を挟んで実質的に存在する二つの中国政権間の「没交渉の時代」に幕が下されたことを意味した。そして、これ以降、建前はどうであれ、台湾政治のなかに「両岸関係の適切な処理」という政策課題が組み込まれ、その重要性が年を追うごとに増していくことになる。

実態は「台湾に限定された中華民国」であるにもかかわらず、「（共産党政権下にある）大陸部を含む中華民国」であると台湾が主張し続けられたのは、大陸統治時代に選出された、大部分が大陸出身の非改選国会議員（国民大会代表、立法院議員および監察委員からなる「万年議員」）の存在によるところが大きかった。しかし、当然のことながら彼らの生命は永遠のものではなく、徐々に欠員が生じ始める。そこで、一九六九年以降、その穴を埋めるための選挙（欠員補充選挙）や定員を増加させるための選挙（増加定員選挙）が行われた。これらの措置で、国民党は議会での優勢を保つことはできたが、選挙が実施できるのは実効支配している「自由地区」(台湾)に限定されることから、選出される議員は当然のことながらそのほとんどが本省人だった。また、蔣経国は党や政府部門への本省人登用を積極的に進めた。その一人が、後に本省人として初の総統になる李登輝である。一九七一年に国民党に入党したばかりの李は、早くも翌年初入閣する。

本省人を主体とする政党の結成を認めたことも、特記されよう。戒厳令下の台湾では、国民党とその衛星政党以外の政治団体は認められていなかった。しかし、一九七〇年代には、同党とは異なる政治的主張や民主化を求めて行動する「国語を話す高学歴の台湾人」(党外人士)が少なからず現れてきた。こうした党外人士やその活動を、国民党政権は強権を発動することによって弾圧してきた。その代表的事件が一九七九年一二月に発生した美麗島事件である。『美麗島』とは党外人士によって発行された政治雑誌のことで、その中核グループは新たな政党の結成を目指して一〇日、南部の中心都市高雄でデモを強行する。そして、これを「台独、暴力、国家反逆」行為とみなす当局は、複数の中心人物をただちに逮捕し、軍事法廷で有罪判決をくだすのである。しかし、党外人士の活動はその後も継続、活発化し、一九八六年九月、彼らはついに「民主進歩党」(民進党)の結成を宣言するのである。これは本来であれば違法行為だった。しかし、蔣経国は結成宣言翌日、「結成は違法だが処罰しない」との方針を示した。つまり、蔣経国は、自身に反対する政党の存在を認めたのである。さらに彼は一九八七年七月、一九四九年以降続いていた、世界でもまれにみる長期に及ぶ戒厳令を解除する。

4 台湾化の定着と重要性を増す対中政策（一九八八年～現在）

外省人蔣経国によって始められた台湾化は、このように民主化と表裏一体のものだった。そして、この動きは、蔣経国の後任である本省人李登輝によって慎重ではあるが着実に推し進められる。一九八八年一月の蔣の死によって総統職に就いた李は、党内闘争を綱渡り的に生き延び、半年後主席に就任する。

彼が進めた台湾化のうち、制度面での台湾化は、主として総統在任中（一九八八年一月～二〇〇〇年五月）に六回行われた憲法改正によって進められた。この改正はきわめて多岐にわたったが、ここでは二点のみ指摘する。第一に、前述した万年国会の改革である。国民党政権は一九四八年以降、みずから（中華民国）を「中国共産党という反乱団体を鎮定すべき中国の正統政府」と位置づけてきた。こうした立場は、中華人民共和国の建国で大陸部を失い、統治地域が台湾に限定されて以降も保たれてきた。李登輝はこの根拠法（反乱鎮定動員時期臨時条文）を一九九一年に廃止することで、制定時から停止状態にあった憲法を機能させ、中央民意代表選挙の実施にこぎつける。そして、選挙人、被選挙人ともに台湾住民（中華民国自由地区全体人民）とする選挙によって、国民大会と立法院の万年国会状態に終止符を打つ（前者は一九九一年、後者は一九九二年）。第二に、総統選出方法が改められた。憲法改正は、国民大会に与えられていた総統・副総統の選挙権（および罷免権）をはく奪するプロセスでもあった。一九九二年と九四年の二回の改正により、国家元首である総統は一九九六年以降、中央民意

図6－1　台湾民衆の台湾人／中国人アイデンティティ変化（1992～2015.12）

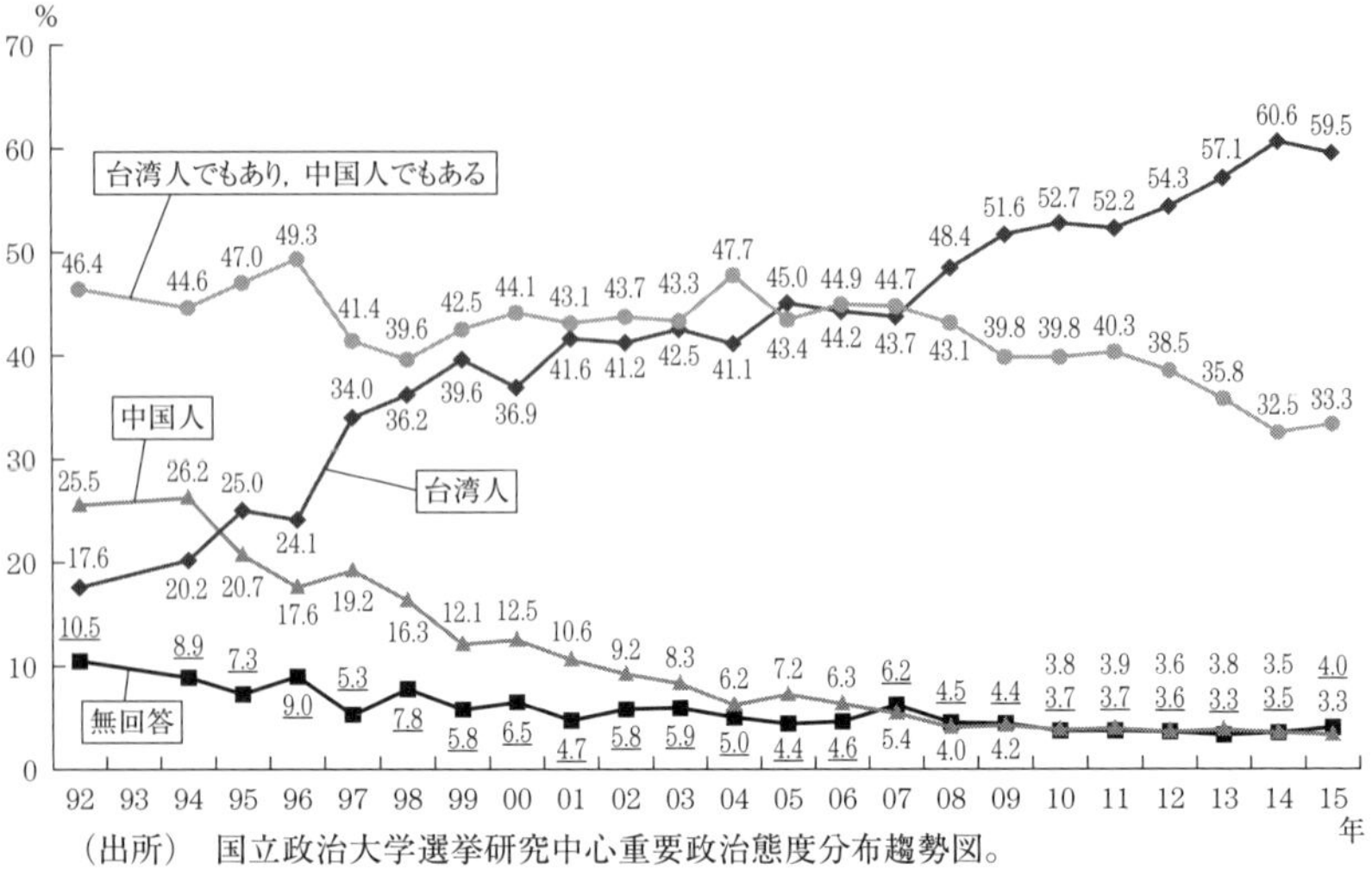

（出所）　国立政治大学選挙研究中心重要政治態度分布趨勢図。

代表同様、台湾住民の手により、台湾住民のなかから選出されることになったのである。なお、徐々に存在意義を失っていった国民大会は二〇〇五年、その歴史に幕を閉じる。一方、意識、認識面での台湾化は、学校教育などを通じて行われた。その代表的事例は、「台湾を知ろう」と題する台湾史の授業が一九九八年から中学校で正式導入されたことである。これ以降、台湾での教育は、「中国の一部に過ぎない台湾」という従来の位置づけから、「台湾そのもの」を対象とするようになっていく。

　こうした台湾化の進行は、その必然的ロジックとして、中国との関係についての再定義を迫るものだった。李登輝は一九九〇年、台湾化プロセスの一環として、国家統一委員会（大陸政策のガイドライン策定機関）、大陸委員会（行政機関）および海峡両岸交流基金会（中国との連絡を行う窓口機関）を矢継ぎ早に設ける。そして、翌九一年には上述のとおり、臨時条文の廃止によって、中華人民共和国に与えられた反乱団体との位置づけを改め、これを政治実体とみなすことにしたのである。一方の中国は当初、国民党主席でもある李登輝が進めたこの動きを「中国統一」のためのものとして、むしろ歓迎していた。しかし、一九九五年六月の訪米以降は李を「台湾独立派」と明確に位置づけるようになり、同年七月と八月、二回にわたって台湾海峡で大規模な軍事演習を行い、圧力をかけた。さらに、翌年三月の初めての総統直接選挙直前には、台湾島北東沖と南西沖を目標海域とするミサイル発射演習を行った。中国のこうした行為はその意図とまったく反対の結果をもたらす。李登輝は、投票総数の過半数を収める圧倒的支持を得て再選されたのである。この時の中国側の威嚇は、台湾の人々に強い反中意識を植え付けることとなった。一九九九年七月に李登輝が表明した「二国論」（中国と台湾は特殊な国と国の関係にある）は、多くの台湾住民の認識を代弁したものだったといえよう。

このように、一〇年以上に及ぶ李登輝時代に行われた「台湾の台湾化」政策は社会のあらゆる分野を包摂するものだったが、とりわけ大きな変化は台湾の人々の自己認識、すなわち、アイデンティティの変化においてみられる。図6–1はその変化を示すものだが、一見して分かるように、一九九二年当時は一七・六パーセントに過ぎなかった「自分は台湾人である」との認識が二〇一五年には五九・五パーセントへと急速に上昇している。これとは逆に、「自分は中国人」であるとの認識は二五・五パーセントから三・三パーセントに急落した。つまり、現在の台湾住民の約三分の二は、「自分は中国人ではなく、台湾人である」との認識を強くもっているのだ。したがって、李登輝退任後の台湾総統選挙に勝つためには、国内での支持（台湾アイデンティティ肯定が前提）と中国の支持（「一つの中国」原則受け入れが前提）を得るという相反する課題に適切な方策を示せるか、その両者のあいだでどうバランスを取るかが時とともに鍵を握る重要な要素になってきた。

二〇〇〇年三月、ポスト李登輝を争う総統選挙が行われた。台湾独立を主張する民進党はそれに先立つ一九九九年五月、「台湾は主権独立国家であり、中華人民共和国には属さない」こと、「独立した現状に対するいかなる変更も、台湾の全住民による公民投票によって決定しなければならない」ことなどを柱とする「台湾前途決議文」を採択し、李登輝の台湾化政策をさらに進める意思を明らかにした。この主張は当時としてはいまだ広範な支持を獲得するものではなかったが、国民党が分裂状態で選挙に臨んだため、民進党候補の陳水扁が漁夫の利を得るかたちで当選した。陳水扁はそこで、就任当初は中国を刺激することは避け、むしろ緊張緩和と関係改善を図った。その象徴的事例が二〇〇一年一月から始まった「小三通」（地域を限定した、中台両岸間での客船運航）である。

陳水扁が二期務めたことを受けて行われた二〇〇八年三月の総統選挙では、国民党候補の馬英九が圧倒的勝利を得る。これは金権腐敗、経済発展と格差是正といった政治、経済両面での課題を陳水扁政権が克服できなかったことにもよるが（陳自身も退任半年後、総統府機密費流用や資金洗浄容疑などで逮捕される）、彼が中国への挑発を次第に強めていったことも深刻な影響をもたらした。時が経つにつれ、陳水扁が「台湾名義による国連加盟」を繰り返し訴え、国家統一委員会を廃止するなどしたことから、反発した中国が「トラブルメーカー」のレッテルを陳に貼った。そればかりか、日米という台湾の後ろ盾も陳に対して不快感を表明したのである。そうした経緯もあり、圧倒的支持を得て当選した馬英九は、就任直後から対中関係を劇的に改善する。とりわけ、両岸を結ぶ直航チャーター便の運航と中国住民の台湾団体旅行解禁は、低迷する台湾経済に少なからぬ恩恵をもたらした。二〇一二年一月の総統選挙で、民進党候補の蔡英文が馬英九の二選を阻止できなかったのは、「民進党は中台関係を緊張させる」という大衆の不安感を十分に払拭できる有効かつ現実的な対中政策を打ち出せなかったことによるところが大きい。

そして、二〇一六年一月の総統選挙では捲土重来を期した蔡英文が大勝利を収める。党公認候補決定を受けて行ったスピーチで蔡は、両岸問題を処理するにあたっての民進党の基本原則は「現状を維持することである」とした。「現状」が何を意味するのかは曖昧なままだが、少なくとも緊張関係をみずから引き起こすつもりはないことを明らかにしたのである。一方の国民党は、図6－1で明らかなように、馬英九が推進した対中政策が実は台湾アイデンティティの強化にもつながるものだったという現実を直視できなかった。交流の強化は皮肉なことに、相手（中国人）との心理的距離を広げてしまったのである。一度選んだ公認候補を「統一志向が強すぎる」ことを理由に選挙運動期間中にみずから引きずり下ろさざるをえなかった国民党に、勝算はなかった。

5　日台関係発展の要諦

日本の敗戦以降、中華民国／台湾はきわめて特異な、苦難の歴史を歩んできた。その原因は中華人民共和国／中国の存在と中国としての正統性をめぐる争いにある。しかし、民進党の台頭と台湾アイデンティティの定着により、台湾はその争いを放棄し、「一つの中国」の枠組みの否定を志向しつつあるのが現状だ。もっとも、これは台湾側の片思いにすぎず、ここにおいても中華人民共和国の存在により、放棄、否定できる目途はたっていない。馬英九政権時代に存在した「一つの中国原則下での平和的発展」という交流の基礎は、民進党政権に対する中国側圧力により、ぐらついている。

われわれは台湾にどう向かい合えばいいのだろうか。

筆者は、今も続く台湾の変化は必然的だが苦難に満ちたものだ、との認識をスタートラインとすべきだと考える。一九四九年以降、とりわけ、国民党が複数政党制を受け入れた一九八〇年代後半以降、二つの中国は明らかに異なる道を歩んできた。共産党が統治する中国は、改革開放がもたらした経済発展を頼りに、冷戦終焉以降も一党体制を維持し、異質の大国に急成長した。一方、国民党のもとで建設が進んだ「台湾にある中華民国」は、一九九〇年代以降の台湾化と民主化を通じ、台湾としての生存空間を国際社会で維持してきた。理性的思考に基づけば、両岸関係が緊密化するなかで台湾の人々が確認した台湾アイデンティティ、すなわち、「自分たちは中国人とは違う」という一種の自負を無視した政策や対応は、中国がいかに「一つの中国」を繰り返しても、ありえないのである。

では、われわれは台湾との関係強化を楽観視できるのだろうか。答えはイエスであり、ノーである。本章冒頭で言及したとおり、日本と台湾は経済や文化を通じた交流を行っており、それは拡大している。このような非政治的分野での関係強化は可能であり、大いに進めるべきだ。相互理解促進に終着点はありえないのである。その意味で、多くが「最も好きな国は日本」とする台湾の人々の気持ちに応える努力を、われわれは惜しむべきでない。

しかし一方で、台湾との政治的（公的）関係を強化することは、決して不可能ではないものの、多くの困難が伴う。日本と中国の関係が「邪魔する」からだ。それは、一九七二年九月、中華人民共和国を選び、中華民国を捨てるという重大な政治判断を日本政府がくだしたことによる。そして、それ以降の日台政治関係の実質的強化は、「両岸にかかる問題はその当事者によって平和的に解決されることを希望する」、「いずれかの側によるいかなる一方的な現状変更の試みも支持しない」という枠のなかで慎重に執り行われてきたのである。

安定した両岸関係を与件に、中国とのあいだで良好な関係を保ちつつ、あらゆる分野で台湾との関係も強化する（この逆ではない）ための知恵が、われわれには求められている。

（諏訪一幸）

【参考文献】

王御風（二〇一五）『図解　台湾史』好讀出版（台湾、中国語）。

国立編訳館主編（二〇〇〇）『台湾国民中学歴史教科書　台湾を知る』（蔡易達・永山英樹訳）雄山閣出版。

諏訪一幸（二〇一六）「台湾総統選挙と今後の日台中関係」東京財団ウェブサイト、二〇一六年八月一五日最終閲覧。http://www.tkfd.or.jp/research/china/a00002?id=1622

野嶋剛（二〇一六）『台湾とは何か』筑摩書房。

若林正丈（一九九七）『蔣経国と李登輝――「大陸国家」からの離陸？――』岩波書店。

若林正丈（二〇〇八）『台湾の政治　中華民国台湾化の戦後史』東京大学出版会。

第7章　アジアにおける日本食ブームと香港フードエキスポ・インターンシップ

1　日本の食とアジア

本章では、アジアにおける日本食の普及について、とくに日本産食料の貿易や食文化の普及（外食文化の交流）等を媒介に、日本とアジア諸国がより関係を強化しつつある現状を紹介する。

筆者は、以前から中国、台湾、香港等を中心とした地域の農業や農村の問題、さらに食料の流通等について研究を進めてきたが、最近は日本とアジアの食料貿易、日本からアジアへの食品産業の投資について研究を進めている。この食料貿易にかんする研究を進めるなかで、最近では、とくに日本の食の問題とアジアがどのように関係しているかといった問題が研究の中心的テーマとなっている。そこで、本章では、この点を中心に論を進めていきたい。

本章で述べる一つめの話題は、二〇一三年、日本の和食が世界文化遺産に登録され、いま、アジアを中心に空前の日本食ブームが起こっている事情についてである。例えば、現在の香港では、日本料理だけをずっと食べていても暮らしていけるほどの数多くの多様な日本食レストランが存在している。つまり、鮨店、ラーメン店、居酒屋店、カレー店、焼き肉店、しゃぶしゃぶ店など、豊富な種類の日本食レストランが存在するのである。そこで、まず、こうしたアジア各地における日本食の浸透の現状について述べる。

次に、日本とアジアとの食文化交流、食品の貿易、食品産業の投資などについて説明する。食品産業の投資とは、わかりやすくいえば、日本の外食産業が上海で店を始めたなどという事例が典型的である。例えば、大手カレーチェーンのＣｏＣｏ壱番屋（本社愛知県）が、近年上海で多くの顧客を獲得し、店舗を拡大している事例などは、外食産業の海外投資のなかでも最近の話題として注目されている。

本章のもう一つの話題は、筆者の所属する桃山学院大学において、二〇一三年夏季、二〇一四年夏季、二〇一五年夏季と連続して香港で実施した、「香港フードエキスポ・インターンシップ」という、学生研修プログラムの報告である。詳しくは後述するが、このプログラムによって、多くの本学学生が海外食品ビジネスを知り、現地の方や日本の食品企業の方との交流を果たすことができた。

こういった、さまざまな食の国際交流をテーマとした情報を一読いただき、これからの日本とアジアの食料と食文化の交流を考えていただければと考える。

2　世界で愛される日本食

日本食の国際的普及は、海外の日本食レストランの増加に顕著である。海外の日本食レストランの正確な店舗数の把握は難しいが（そもそも日本食レストランの概念も、やや不明確であることも実態把握を困難にしている一因である）、日本の農水省の推計によると、二〇一五年で八万八七〇三店に達するとみられている。最も多いのはアジア地域で四万五三一五店、次に北米地域が二万五〇八七店、ほかに、ヨーロッパ地域に一万五五一店、中南米地域に三〇九八店、オセアニア地域に一八六三店、ロシア地域に一八六九店、中東地域に六二六店、アフリカ地域二九四店などと、日本食レストランはまさに世界各地に分布しているといっても過言ではない。なかでも現在の日本食ブームの中心は、香港、台湾、中国、シンガポール、タイなどのアジア諸国であることは周知のとおりであり、こうした諸国では店舗数も急増している。

その急増の要因は、一つは、日本食は健康的であるというイメージの形成があげられる。読者のなかで食の問題について関心がある方は、「日本型食生活」という概念をご存じかと思う。日本人の食生活は、戦前まで、野菜と米と魚を中心とした食生活であったが、戦後、アメリカ文化の影響により、油脂・肉類の消費が増加した。元来、油脂・肉類の消費はかなり少なかったので、それが加わることによって全体としてバランスがとれた食事となったわけである。昭和三〇年代、四〇年代ぐらいにそうしたバランスのとれた食生活が確立したといわれている。このバランスのとれた食生活が「日本型食生活」である。台湾などに行くと、よくこういう話を耳にする。「日本人は非常に長生きである。長生きなのは、食生活が健康的であるから。だから、日本食を食べたほうがいい」と。ただ、残念なことに、「日本型食生活」は、最近では徐々に崩れている。かつてほとんど食べなかった油脂・肉類ばかりを食べるようになり、逆に野菜や米を食べなくなった。これは今後の日本人の健康問題にとって大きな課題であろう。

また、日本食は味がよく、食器類の形状、色彩なども豊富で、見た目も美しい。さらに、食品安全への一定の配慮もなされている。これらの特徴は、海外に日本食を普及させるうえで欠かせない重要なセールスポイントとなっている。

3　日本食品輸出の現状

国際的な日本食ブームは、必然的に海外での日本食品の消費増をもたらしている。具体的には、緑茶、日本酒等の輸出量増加に典型的である。例えば、緑茶は、ここ数年で輸出量が二・五倍、日本酒は一・四倍（金額では二・一倍）と非常に増加している。さらに、日本食に欠かせない食材や調味料の輸出も増えている。例えば、醤油は二〇〇七年までの一〇年間で輸出量が一・六倍に増加しているが、これは、鮨店などの日本料理店舗の増加や日本食の普及にともなって、海外での醤油の消費が増加していることを示している。そして、注目すべきは、これら緑茶、日本酒、醤油などにおいては、いずれも国内消費が減少している点が共通していることである。そのため、日本酒・緑茶・醤油メーカー

表7－1　日本の農産物・食品輸出の推移

（億円）

	農産物	林産物	水産物	合計
2004年	2,038	88	1,482	3,609
2005年	2,168	92	1,748	4,008
2006年	2,359	90	2,040	4,490
2007年	2,678	104	2,378	5,160
2008年	2,883	118	2,077	5,078
2009年	2,637	93	1,724	4,454
2010年	2,865	106	1,950	4,920
2011年	2,652	123	1,736	4,511
2012年	2,680	118	1,698	4,497
2013年	3,136	152	2,216	5,505
2014年	3,569	211	2,337	6,117
2015年	4,431	263	2,757	7,451

（出所）　農水省国際部国際政策課『農林水産物輸出入概況』から作成。

などは生き残りのために海外に積極的に進出するといった現象が顕在化しているのである。

日本産の食品や農産物を海外に輸出しようという動向は、二〇〇〇年代前半から拡大した。二〇〇三年、鳥取県が中心となって農林水産ニッポンブランド輸出促進都道府県協議会という組織がつくられ、その後、日本貿易振興機構（ジェトロ）のなかに日本食品等海外市場開拓委員会が発足した。二〇〇四年からは農林水産省のなかに輸出促進室がつくられている。最近は、日本の食品・農産物の輸出促進は安倍政権の発展戦略の一つとなっており、さまざまな支援がなされている。

表7－1は日本の農産物・食品の輸出額の推移を示したものである。この表によれば、二〇一一年の東日本大震災に起因する原子力発電所事故等による風評被害の影響などにより、輸出額はいったん停滞したが、二〇一三

写真7－1　海外のスーパーで販売される日系食品企業の製品（上海）

（出所）　筆者撮影。

年には五〇〇〇億円を回復し、二〇一五年には七〇〇〇億円を達成するなど、ここ数年、増加基調にあることがわかる。

こうした輸出戦略の結果、アジア諸国のデパートや高級スーパーなどには日本食品があふれている。とくに台湾の高級スーパーでは、実に豊富な種類の味噌や納豆等の日本食品が販売されている。いかに日本食品の人気は高く、多くの消費者に受け入れられているかが理解できよう。

日本産の食品や農産物の海外輸出が拡大している背景には、輸入国側における客観的な経済状況の変化にも注目する必要があるだろう。その変化の一つは、比較的高価である日本の農産物・食品の購買対象となりうる富裕層が形成されつつあることである。これは、一九九〇年代以降のアジア近隣諸国での急速な経済発展と国民所得の向上によって実現されてきた。東南アジア、香港、台湾、さらに中国などがその典型的な例であろう（写真7－1）。

もう一つは、貿易にかかわる制度的な変化が関係している。ちょうど二〇〇〇年前後にアジア諸国が次々にWTOやFTAに加盟し、食料貿易の自由化が進展したことが、重要な意味を有していると考えられる。典型的な例が台湾のリンゴの事例である。台湾は二〇〇一年にWTOに加盟したが、これをきっかけに日本産のリンゴの輸入が急増したのである。この台湾への輸出拡大を契機に、香港、中国などへのリンゴ輸出も拡大していった。
そして、高品質・安全な日本産農産物への信頼、さらに、前述の日本食ブーム、などの要因のもとで、農産物・食品の海外輸出が増大したのである。

4 日系外食産業の海外進出

日本産の食品・農産物の輸出だけでなく、日本の食文化の海外進出には、当然、前述した日系レストランの海外進出が重要な役割を果たしている。まさに、日本の外食産業の海外進出である。周知のように、日本国内では長期化する不況や人口減少等により外食市場の縮小が進行しているが、これに対して、海外では日本食の需要が拡大していることに注目した外食産業が、香港、中国、台湾、東南アジアなどへの海外進出を加速させているのである。

「和民」などの居酒屋チェーン、「吉野家」などのファーストフードチェーン、ラーメンチェーンなどに加えて、さらに最近注目される外食チェーンとして上海周辺での「サイゼリヤ」、「ＣｏＣｏ壱番屋」、さらに台湾での「モスバーガー」の成功などがあげられよう。このように、日本の食文化は鮨や刺身だけではなく、さまざまな業態の外食産業が海外に定着している。つまり、サイゼリヤにしても、提供する料理自体は日本料理ではないが、洋食を日本人がアレンジして新しいビジネスの機会を創出している点が特徴的である。

5　桃山学院大学の「香港フードエキスポ」におけるインターンシップ研修

ここまでみてきたように、アジア諸国を中心に日本食、日本食品への関心が高まっているが、本章のテーマと直接に関連する、桃山学院大学、大島研究室が学生とともに取り組んだ体験型プログラム、「香港フードエキスポ・インターンシップ」を紹介し、参加学生が感じたアジアの食品ビジネスについて報告する。

香港フードエキスポとは

香港フードエキスポ（毎年八月開催）は、アジア最大の国際的食品展示会の一つであり、世界中から集まる出展者、バイヤー、そして一般来場者が一堂に会する場である。二〇一六年で二七回目を迎え、年々、参加者が増大するなど、国際的な評価を高めている。表７－２は出展者、バイヤー、一般来場者数の推移を示したものであるが、出展者、バイヤー、一般来場者数ともに増加傾向にあることがわかる。

会場は、香港コンベンション＆エキシビジョンセンターの建物を最大限に利用し、トレードホール、パブリックホール、グルメゾーンの大きく三つのエリアに分けて行われる。

日本企業が多く出展しているトレードホールは、主に出展者とバイヤーとの商談、販路開拓、市場調査が目的である。最終日以外は一般客が入れない専用会場となっており、表７－３のように、香港、

表7－2　香港フードエキスポ出展者，バイヤー，一般来場者の推移

		出展者数			トレードバイヤー（人）	一般来場者数（人）	総展示面積（㎡）
		パブリックホール	トレードホール	グルメゾーン			
2013年	香港	335	29	72	19,668	410,000	41,615
	海外	132	589	2			
	合計	467	618	74			
		26カ国・地域より1,145社の出展			63カ国・地域		
2014年	香港	319	11	63	20,075	460,000	41,862
	海外	250	536	14			
	合計	569	547	77			
		26カ国・地域より1,182社の出展			62カ国・地域		
2015年	香港	330	30	77	20,452	470,000	42,763
	海外	195	576	2			
	合計	525	606	79			
		24カ国・地域より1,192社の出展			60カ国・地域		

（出所）　香港貿易発展局資料から作成。

中国本土、日本、韓国、インドネシア、イラン、ポーランドなど、出展国・地域は二四カ国・地域に拡大している。広く食品一般（生鮮食品、加工食品、菓子、酒類等）を取り扱うが、品目は多種多様で、漢方薬、健康関連商品、ハラルフードから、食品包装機器、食材の加工機器、食器なども広く対象となっている。とくに日本企業ブース（ジェトロブースが主力）は二〇一五年で二四三社と全体の二割を占め、好評を博している。

　パブリックホールは、一般消費者への企業PRが目的である。香港の地元有名食品関係企業である、奇華餅家（Kee Wah Bakery）、美心（Maxim's Caterers）、安記海味（On Kee Dry Seafood）、さらに日本企業も日清食品（Nissin）など、現地の一般来場者に馴染みの深い香港および日本等

表7－3　2015年の国・地域別出展者数（上位10カ国・地域）

	国・地域	出展者数
1	香港	427
2	中国本土	279
3	日本	243
4	韓国	71
5	インドネシア	33
6	イラン	22
7	ポーランド	18
8	オーストラリア	17
9	フィリピン	14
10	台湾	12

（出所）　香港貿易発展局資料から作成。

の老舗企業も自社の食品・飲料等を出品している。
最後にグルメゾーンは、主に、和牛、新鮮なシーフード、プレミアムコーヒー、高級ワイン、ハム、アワビ、フュージョンアイスクリーム、チーズなどの高級品志向の顧客を対象とした販売が目的である。

桃山学院大学の学生研修プログラムについて

桃山学院大学の体験型プログラムは、二〇一三年の試験的派遣を経て、二〇一四年から正式に開始された。香港を海外研修先として選択した理由としては、以下の理由があげられる。

(1) 香港は古くからアジアの貿易・金融の中心地として発展しており、現在では、美食の都、観光都市としても有名で注目されているため。

(2) 日本においては、食品・農産物の輸出による地域振興がアベノミクスの重要政策の一つとされており、地方行政・企業が注目している。香港はその輸出先地域として非常に重要な位置にあるため。

(3) 多くの日系食品企業が進出し、最も日本食が定着した都市であり、治安状態も良好であり、学生の活動に好適であると判断されたため。

こうした理由から、香港を食品関係の海外インターンシップ先として適当であると判断したのでである。

学生参加者数は、初年度二〇一四年二四名、二〇一五年度一八名、今年二〇一六年は一九名である。参加者は、参加意欲や語学能力などの面接選考を経て決定する。

一〇日間の香港滞在時における活動内容としては、以下の三つの課題があげられる。

（1）香港フードエキスポに出展する地元企業（主に京都府、大阪府、奈良県、岡山県等）を支援し、インターンシップを実施すること。具体的なインターンシップ内容としては、トレードバイヤーに商品の試食提供やPRを積極的に行い、企業の広報宣伝活動、販売促進活動を支援する。また能力に応じて通訳などを担当することである。

（2）在香港日本国総領事館、香港貿易発展局、ジェトロ香港事務所などを訪問し、香港の経済と貿易について理解を深めることである。

（3）現地のイオン、シティスーパーなどの小売店店舗を見学し、日本食品の販売状況を知ること、日系企業の方から香港ビジネスの話を聞くことなどにより、これからのグローバルビジネスについて考察することである。

学生の感想

以下、代表的な参加学生の感想をみていこう。

日系企業A社（和牛輸入、小売り、外食）を見学した学生らは、「私たちが最も印象に残った話は、コミュニケーション能力の大切さについてである。香港での営業は、営業マンの信頼によって成り立つ。

商品価格が多少高かったとしても、この営業マンなら信頼できると相手が考えれば取引が成立する。企業には多数の取引先があり、それぞれに合ったコミュニケーション方法が求められる。これから社会に出るまでにきちんとしたコミュニケーション能力の構築が必要だと感じた」と報告書で述べている。

　また、香港のラーメン店での印象として、「多くのレストランが店舗を並べるなかで、日本料理店もみられたが、そのなかで、とくに印象に残っているのはラーメン店であった。具材が自分でカスタマイズできるようになっており、日本ではみられない光景であった。なぜ、カスタマイズができるラーメン店が人気かというと、香港人は飽きやすく、新しい物好きということで、自分でカスタマイズすることで何十通り、何百通りとラーメンを楽しむことができるからであるという。このように、日本の文化は受け入れられている反面、香港人の性格に適合するように工夫されており、大変おもしろいと思った」などという感想があった。

　さらに、日系スーパーでの印象として、「特に日本の物産は、お菓子や味噌、納豆まで幅広く取り扱われており、かなり日本製のものが多いという印象を

写真7－2　香港フードエキスポでのインターンシップ風景（企業ブース）

（出所）　筆者撮影。

写真7－3　香港フードエキスポでのインターンシップ風景（岡山県ブース）

（出所）　筆者撮影。

受けた。消費税はかからないものの、輸送費のせいか値段は日本で買うより少し高めで、なかには和牛や岡山と山梨県のブランド桃を売っているスーパーもあり、値段がとても高いのに、人気であるということを聞いて驚いた」と述べている。

このように、学生諸君は香港にさまざまな角度から興味をもったようだ。

インターンシップ開始当初は戸惑いをみせた学生もいたが、最終的には総じて企業側からは高い評価をいただき、海外インターンシップとして良好な成果をあげることができたと考えている（写真7－2、7－3）。

学生たちにとっては、一般の観光旅行などでは経験できない、グローバルビジネスの現場に参加することができ、新鮮な体験となったものと思われる。今後も、こうしたプログラムをさらに発展させていきたい。

ここまでみてきたように、海外での日本食の普及は、新しいビジネスチャンスをもたらし、日本の食品産業は海外進出を加速させている。こうした現象は、貿易、投資などの経済現象がその中心ではあるが、一方で、日本の食文化と海外の食文化の出会いという、文化面での交流も見逃せない新しい動向である。また、この機会を活用して、学生たちも海外で新しい知見を広げている。本章での紹介をきっかけに、さらに多くの方が海外での日本食の普及に関心をもっていただければ幸いである。

（大島一二）

第8章　アジアの「和食」と日系外食チェーンの展開

近年、日本の「食」は世界各地で注目を集めている。二〇一三年における和食の世界遺産への登録は記憶に新しく、海外での和食人気が拡大している。日本の農林水産物・食品の輸出は伸び、海外における日本食レストランの数は大幅に増加している。なかでもアジアはその中心地といえ、世界有数の長寿国である日本の食文化は、健康と安心、安全をキーワードに広がりをみせている。

他方、日本国内に目を向けると、海外からの観光客の増加は「爆買い」に注目が集まるが、訪日の目的は、買い物だけではなく、日本の「食」も重要な要素になっている。例えば、観光庁の調査によると、外国人観光客が「訪日前に期待すること」の一位に「日本食を食べること」があげられている。

このように、近年、アジアを中心に日本食の人気が広がるなか、日本の外食チェーンの海外進出も本格化している。本章では、アジアを中心とした海外における日本食の広がりと日系外食企業の海外展開の現状について取り上げる。具体的には、愛知県に本社を置く世界最大のカレーチェーン、ＣｏＣｏ壱番屋を事例に、日系外食企業の経営戦略および海外展開の現状について考察する。

1 外食企業の海外進出要因

アジアにおける「和食」人気の広がり

世界の食の市場規模は、二〇〇九年の三四〇兆円から二〇二〇年には六八〇兆円へ拡大し、そのうち、アジア（中国、香港、韓国、インド、ＡＳＥＡＮ）の食の市場規模は八二兆円から二二九兆円へと約三倍に増加することが予測されている（農林水産省、二〇一四）。巨大な食の市場が形成されるなか、農林水産省は、二〇二〇年までに農林水産物・食品の輸出額を一兆円規模に拡大することを目標としている。二〇一五年の農林水産物・食品の輸出額は、七四五一億円（前年比二一・八パーセント増）、主要な輸出先は、香港、米国、台湾、中国、韓国と、アジア向けが約七割を占める。旺盛な海外の需要を取り込もうと、食品企業も動いている。例えば、茨城県では、日本の伝統食を世界の伝統食にするべく、納豆の海外販売に力を入れている。茨城県は、国内有数の納豆の生産地であるが、日本国内では、納豆の消費は減少し、価格競争も厳しい。そうしたなか、茨城県と県内の納豆メーカーが、納豆特有の粘りやにおいを抑えた納豆の開発を行い、海外の消費者に受け入れられるよう多様な製品として販売を開始している。

アジアにおける「和食」人気の広がりは、海外における日本食レストラン数の増加からもうかがえる。外務省と農林水産省の推計によると、海外におけるいわゆる日本食レストランの数は二〇一五年において約八・九万店あまりにのぼり、二〇一三年の五・五万店から大幅に増加している。とりわけアジア地域における増加が著しい。

　香港では、二〇一五年の飲食店総数約一万六六二〇店舗のうち、中華料理（四八三〇店舗）が全体の約三割を占め最も多いが、日本食レストランは一二九〇店（全体の約七・八パーセント）あまりで、各国レストランのなかでは突出しており、近年、増加傾向にある。「Open Rice（香港版ぐるなび）」において、日本食が特集されるなど、日本食は、香港の食文化に定着していることがうかがえる。香港には、和民、サイゼリヤ、ＣｏＣｏ壱番屋、大戸屋、牛角、吉野家、ペッパーランチ、なだ万、モスバーガー、丸亀製麺、一風堂など、多様な分野の日系外食企業が進出している。また、日本の食材を使用したベーカリーや洋菓子の人気が高い。日系外食企業のなかには、香港をアジア市場進出の足掛かりとみなし、海外進出の第一号店として出店するケースも多くみられる（ジェトロ香港、二〇一六）。

　タイでは、日本食レストランは二〇〇〇年以降急速に拡大し、現在では、二〇〇〇店あまりの規模にある。日系外食チェーンでは、「８番らーめん」が一九九二年に進出し、二〇一三年には一〇〇店舗を超え、日本のラーメンがタイの大衆文化に深く浸透していることがわかる。豊島（二〇一四）によると、一九九〇年代以降、タイでは日本のテレビドラマやバラエティ番組の放送が始まり、タイ人はテレビというメディアを通じて、和食を含め日本の大衆文化への興味や憧れが高まっていったという。そして、日本の大衆文化への興味の延長線上で、タイの若者が和食に関心をもつことになった点を指摘している。

　日本食の需要は、外食分野だけでなく、中食（持ち帰り弁当や惣菜店などの「料理品小売業」）においても高まっている。香港や台湾では、テイクアウトの鮨は人気を集め、スーパーの惣菜コーナーでは、天ぷらをはじめ数多くの日本食が販売され、日本食は現地の食文化に定着しているといえる。

外食企業進出の要因

日本の外食産業は、一九六〇年以降、高度経済成長とともに拡大する。一九七〇年は「外食元年」と呼ばれ、大阪万博のパビリオンにケンタッキーフライドチキンが出店し、また、日本初のファミリーレストラン、すかいらーくが東京の国立に登場した。一九七一年には、マクドナルドが銀座、ミスタードーナツは大阪の箕面、ロッテリアは日本橋に第一号店をオープンするなど、ファストフードやファミリーレストランの開店が相次ぎ、全国へと拡大していく。個人経営の店舗が中心であった日本の外食産業において、外食レストランチェーンが本格的に開始する。人々のライフスタイルが変化するなか、外食産業は多様な形態を生み、発展を遂げてきた。外食産業の特徴として、業態や規模が多様な店舗によって構成されている点があげられる。土屋（二〇一一）によると、二〇一〇年における外食企業売上高上位一〇〇社の合計は、全体の二二パーセントを占めるにとどまるという。つまり、一部の外食チェーンに加えて、小規模な個人経営店が数多く存在していることがわかる。

外食企業は社会情勢や消費者のニーズに対応しながら変化を遂げてきたが、近年、躍進著しいアジア諸国へ活路を見出す動きが本格化している。海外進出の要因として、まず、国内における少子高齢化や人口減少などの構造的要因に加え、人手不足問題、熾烈な価格競争などがあげられる。さらに、原材料の高騰や都市部における家賃の高騰など外食企業を取り巻く環境は厳しい。

このような状況を反映し、近年、日本の外食産業の市場規模は縮小傾向にある。一九九七年の二九兆円をピークに、増減を繰り返しながら、二〇一五年は二五兆円あまりにとどまっている。他方、前述した中食の市場規模は、一九九七年には四兆三〇〇〇億円であったが、二〇一五年には七兆一三八四億円へと拡大している（食の安心・安全財団、二〇一六）。共働き家庭の増加をはじめ、ライフスタイルの変化にともない中食の需要は拡大しており、今後も成長が見込まれる。このように、外食企業は、同業者のみならず、中食との競争が激化している。

日本の外食市場が縮小する一方、海外には成長著しい市場が存在している。国連の世界人口予測によれば、二〇一二年から二〇三〇年には、世界全体において七〇・五億人から八三・二億人と、一二・七億人の増加が予測され、そのうちの九五パーセントが新興国で生み出される見込みという。所得階層別では、世界全体の中間層と富裕層の合計人口は、二〇一〇年から二〇二〇年において、四四億八〇〇〇万人から五八億九〇〇〇万人に増加することが予測されている。そのうち、新興国では、三四億人から四七億七〇〇〇万人と約一四億人増加し、その結果、新興国が世界全体の中間層、富裕層人口に占める割合は、二〇二〇年には八一パーセントとなる見込みである。隣国中国は、経済成長とともに所得水準も上昇し、富裕層、中間層とも増大している。二〇一〇年の富裕層、中間層人口は、七億七四〇〇万人あまりといわれているが、二〇二〇年には一一億一九〇〇万人に拡大すると予測されている。ＡＳＥＡＮ諸国においても、富裕層、中間層人口は、二〇一〇年の三億四〇〇〇万人から二〇二〇年には四億八〇〇〇万人あまりに増大する見込みという（経済産業省、二〇一三）。生活にゆとりのある層の拡大により、外食分野における、より高い品質、高いサービス、新しい味覚へのニーズの高まりが予想される。今後の成長からみて、アジア諸国は、日本の外食企業においてさらに重要な市場になると考えられる。

しかし一方で、外食企業のなかには、海外進出に失敗し、撤退を余儀なくされたケースも数多く存在する。こうしたなか、ＣｏＣｏ壱番屋は、アジアを中心に順調に店舗拡大を進めている。本章では、ＣｏＣｏ壱番屋を事例に、どのような戦略のもと海外展開を進めているのか、日系外食企業における海外展開の実態とその課題について考察を行う。

2　日系外食チェーンの海外展開―ＣｏＣｏ壱番屋の事例―

ＣｏＣｏ壱番屋の沿革と海外進出

ＣｏＣｏ壱番屋は、愛知県一宮市に本社を置く、国内最大のカレーチェーンである。資本金一五億三二七万円、全従業員数は七六七名（二〇一六年五月末時点）、店舗売上高は九三三億円（国内八二五億円、海外一〇七億円、二〇一六年五月期）となっている。一九八二年七月に設立して以降、店舗拡大を続け、現在、カレー以外の業態も含め、国内一二九三店舗（直営店二〇二店、加盟店一〇九一店）、海外店舗一六一店舗（二〇一七年一月末時点）を展開している。主な海外店舗は、中国四八、台湾二七、タイ二七、韓国二五と、中国が突出している。中国の出店地域は、上海市を中心に進められてきたが、近年、広東省広州市や深圳市、湖北省武漢市など、出店エリアは拡大している。店舗数の合計一四五四店は、カレーをメインにした外食チェーンとしては世界最大規模といえる。

ＣｏＣｏ壱番屋の歴史は、一九七四年に創業者夫妻が愛知県名古屋市郊外で始めた「バッカス」という喫茶店から始まる。喫茶店経営をするなかで、食事メニューとしてカレーライスを導入し、ここでの家庭的な味を基本とするカレーライスの成功が、カレー専門店、ＣｏＣｏ壱番屋開店のきっかけとなる。一九七八年一月に名古屋市郊外の西枇杷島町に「カレーハウスＣｏＣｏ壱番屋」一号店がオープンする。

その後、一九八一年には、ＣｏＣｏ壱番屋独自の「ブルームシステム」（のれん分け制度）を導入し、店舗展開は急速に進んでいく。一九八八年一二月には一〇〇店舗、一九九二年に二〇〇店舗を達成する。一九九四年には国内三〇〇店舗と全国四七都道府県下への出店を達成する。またこの年、ハワイ・オアフ島にＣｏＣｏ壱番屋の海外拠点一号店を出店する。その後も店舗数は増加し、一九九八年一月五〇〇店舗、二〇〇二年五月八〇〇店舗、二〇〇四年一二月に一〇〇〇店舗が達成される。その後、海外の出店も増加し、二〇〇七年には一一〇〇店舗、二〇一四年には一四〇〇店舗が達成される。

ＣｏＣｏ壱番屋の国内店舗数が九〇〇店舗前後に広がった二〇〇三年頃から、海外事業を本格的に推し進める方針が打ち出される。進出先としてまず候補になったのは、同じコメ文化をもち、距離的にも近く、発展著しい中国であった。そして、二〇〇四年九月に中国上海市に中国一号店がオープンする。ＣｏＣｏ壱番屋の本格的な海外展開は、上海市から始まった。上海に進出するきっかけは、ＣｏＣｏ壱番屋のカレールーの供給元であるハウス食品との関係が大きい。

ハウス食品は、日本の国民食であるカレーライスを中国に普及しようと、早くから中国事業を展開していた。中国の人々にとって未知の食べ物であるカレーライスを中国の国民食に根づかせるため、一九九七年にはアンテナショップ「上海カレーハウスレストラン」を立ち上げ、中国事業の展開の足

図8－1　CoCo壱番屋海外店舗の売上高・店舗数の変遷

（単位：百万円，店舗）

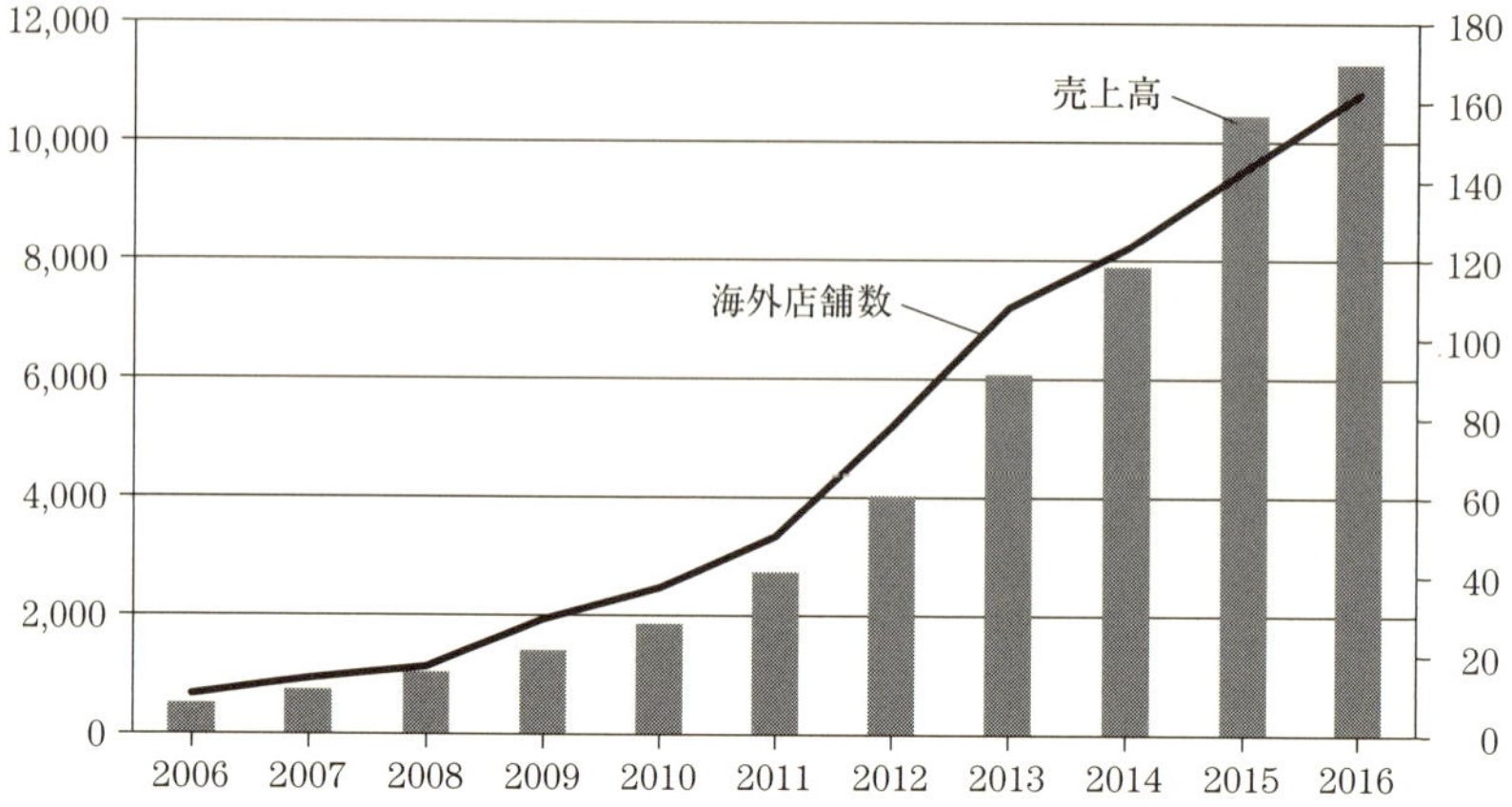

（出所）　CoCo壱番屋『2016年5月期決算説明会資料』（2016年7月）より作成。
http://www.ichibanya.co.jp/comp/ir/company/（2016年9月5日最終閲覧）。

掛かりとした。その後、「カレーライスを中国の国民食へ」という本来の目的に向け、より効果的な方策を検討していた時期に、ＣｏＣｏ壱番屋の海外進出の方針と合致し、合弁の話し合いが進む。そして、ハウス六〇パーセントとＣｏＣｏ壱番屋四〇パーセントの出資による合弁会社「上海ハウスＣｏＣｏ壱番屋」を設立し、中国事業の展開を推し進める。その後、ハウスと合弁で、二〇〇五年九月には、台湾台北市に台湾一号店、二〇〇八年三月には韓国ソウル市に一号店をオープンする。

　中国、台湾、韓国に続いて、二〇〇八年八月にタイのバンコク市においてタイ一号店、二〇一〇年六月には香港、二〇一一年二月にはアメリカ本土（カリフォルニア州）、同年九月にはシンガポールに進出を遂げ、二〇一二年末には、海外店舗一〇〇店舗を達成する。二〇一三年にはインドネシア一号店がオープンし、二〇一五年にはマレーシア、フィリピン出店と東南アジアへの進出を加速

表8－1　海外国別店舗の概況

展開エリア	店舗数	1店舗平均売上高／月	1店舗平均来客数／月	客単価	1店舗平均座席数
単位	（店）	（千円）	（人）	（円）	（席）
日本	1,238	5,483	6,160	890	35
米国（ハワイ）	5	8,960	8,162	1,098	28
中国	54	5,088	6,826	745	59
台湾	29	4,777	5,839	818	57
韓国	23	6,068	6,309	962	61
タイ	26	5,322	7,283	731	63
香港	6	10,353	8,658	1,196	62
米国（本土）	4	10,353	7,968	1,299	49
シンガポール	5	9,656	7,186	1,344	53
インドネシア	3	3,683	4,968	741	53
マレーシア	2	2,956	4,204	703	62
フィリピン	5	4,153	4,054	1,024	64

（出所）　図8-1に同じ。

させている。今後は、ベトナム、イギリス、インドへの出店を計画しているという。

このように、二〇〇四年の中国進出から、およそ八年あまりの間に海外店舗は一〇〇店舗を超える規模に拡大し、今後の展開として、海外店舗数が国内を上回る可能性も考えられる。進出先の九割以上はアジア地域であり、ＣｏＣｏ壱番屋がアジアを中心とした海外事業に力を入れていることがうかがえる。また、二〇一五年にＣｏＣｏ壱番屋は、これまで原材料の取引や海外展開において緊密な関係にあったハウス食品の子会社となり、今後もさらなる海外出店が加速することが予想される。

各国店舗における客数、客単価は表8－1のとおりである。海外店舗の特徴として、米国ハワイ店を除いて、日本の店舗より座席数が多く、店舗が比較的広い。一店舗当たりの来客数、売り上げとも香港がトップであり、インドネシア、マレーシア、フィリピンが日本を下回るが、そのほかの国・地域とも日本を上回る。

以上のように、ＣｏＣｏ壱番屋は、アジア地域を中心に海外進出を積極的に進めている。どのような経営戦略のもと、海外進出を行っているか、以下で、考察を行う。

ＣｏＣｏ壱番屋の海外進出戦略

消費者が外食企業（店）を選択する要素として、味やメニュー構成、価格、店の雰囲気、立地、接客サービスなどがあげられる。日系外食企業が海外において店舗数拡大を目指す場合、上記の点で、当該地域に居住する日本人だけではなく、現地の消費者に受け入れられるか否かが鍵といえ、企業の海外進出戦略にとって重要な意味をもつ。

ＣｏＣｏ壱番屋の海外進出戦略は、主に二つあげられる。一つめは、味について、日本のＣｏＣｏ壱番屋のカレーの味を基本としていることである。同社は海外展開の柱として、「日本のカレーを食文化として海外に広める」を掲げている。周知のように、日本人にとってカレーは国民食の地位を確立しているが、他方、日本以外の国においては、日本のカレーライスは数ある外国料理の一つにすぎない。インドやタイなどカレーを日常的に食する国においても、同様といえる。ＣｏＣｏ壱番屋は、創業当時から、日本の家庭で食されるスタンダードなカレーの味をメニューの根本に据えている。海外においても、この基本姿勢は崩さず、「日本のカレー」にこだわり、現地の嗜好に合わせて大きく変えることはない。日本のカレーを知らない国において、新しい食べ物、新しい食文化として、提供する戦略といえる。例えば、タイにおいては、タイカレーに近づくのではなく、まったく別の食べ物として展開している。

新しい食文化として日本のカレーを広めるためには、まず、一度も日本のカレーを食べたことのない、ＣｏＣｏ壱番屋を知らない消費者に、店に足を運んでもらう必要がある。そこで、ＣｏＣｏ壱番屋が行っている二つめの戦略として、「ブランドイメージの確立」があげられる。ＣｏＣｏ壱番屋の海外店舗は、日本とはまったく雰囲気の異なる店舗が多い。日本ではファストフードに近く、男性客が六割を占めるが、海外店舗では高級感のある店内で、ゆったりとくつろいで食事をする雰囲気になっている。

店舗の雰囲気だけでなく、海外店舗では宣伝や広告の方法も異なり、例えば、タイでは、女性向けの高級ファッション誌に広告を出し、店舗のオープニングイベントで芸能人やスポーツ選手を呼ぶなど、ブランドイメージの構築に力を入れている。これらは、話題作りや集客のためともいえるが、もう一つ理由がある。先に述べたように、ＣｏＣｏ壱番屋の海外店舗では、日本と基本的に変わらない味、品質のカレーにこだわって提供している。品目や時期によって変動はあるが、原材料において日本と同じ品質を求める場合、コストはかさみ、原価の上昇は売価に直結する。例えば、中国ではカレー一皿四〇元（約六百円）と現地の軽食に比べると高価格となる。そのため、店舗の内装や従業員の服装にはコストをかけて、高級感とゆとりのある空間にしているという。

ブランドイメージを確立することによって、多少割高であっても、流行に敏感な女性客は足を運ぶようになり、女性客の集客拡大により、男性客や家族連れが続き、好循環が期待できる。こうした、ブランドイメージ戦略の結果として、海外店舗の客の約六～七割は女性客であり、一店舗当たりの売り上げは日本を上回る店舗も増えてきたという。

このように、「日本の食文化としてのカレーライス」、「ブランドイメージの確立」という戦略によって、ＣｏＣｏ壱番屋では海外事業を拡大している。それでは、以下、香港における店舗展開について考察を行う。

香港Ａ店舗の事例

（1）　香港における店舗運営の実態

ＣｏＣｏ壱番屋の香港における店舗運営の実態について、二〇一四年八月に実施した香港Ａ店舗におけるヒアリング調査から紹介する。

ＣｏＣｏ壱番屋は香港において七店舗を展開しており、ショッピングモール内の店舗が中心であり、路面店はない。フードコートへの出店も行っており、多様な形態で展開している。来客数が最も多い店舗は、香港の一等地に店舗を構え、ＣｏＣｏ壱番屋のブランドイメージの構築における象徴的な店舗となっている（写真８－１）。

客層は、平均的には女性六割、男性四割となっており、オフィス街は女性客が多い。海外店舗の典型的なパターンという。日本人客は二割程度にとどまる。香港では、カレーはもともと根づいており、カレーを中心としたメニュー構成になっている。中国上海市のＣｏＣｏ壱番屋では、進出当初はカレーの認知度は低く、カレー以外のスパゲティ等のメニューを取り入れることによって顧客を獲得していったことから、香港とは状況が異なることがわかる。香港ではデザートメニューを充実させ、洋食レストランのような雰囲気となっている（写真８－２）。

香港店舗の特徴として、客の滞在時間が約一時間程度と、日本や上海の店舗よりも長く、客の回転率は低い。香港店舗の来客数をみると、少ない店舗では一カ月四五〇〇人程度であり、この水準を下回ると撤退の検討に入ることになる。日本の場合と比較すると撤退判断の基準が高いといえるが、要

写真８－１　繁華街に立地する香港CoCo壱番屋

（出所）　筆者撮影。

写真８－２　香港CoCo壱番屋の店舗外観

（出所）　筆者撮影。

因として、香港の家賃が高額であることがあげられるという。

（2）食材の調達

食材の調達については、香港店舗は主に日本、中国からの輸入が中心になっている。カレーソースは、日本で製造した動物エキスを使用していないソースを輸入し、使用している。香港店舗では東日本大震災の際、カレーソースが輸入できず、急遽、店舗で製造を行った経験がある。当時は二店舗のみであったため、対応は可能であったが、店舗が拡大した現在では難しい。そうした経験をもとに、インドネシア、中国、タイに現地工場を設立し、カレールーの生産・供給体制の構築を進めているという。

野菜は現地の香港市場から調達し、セントラルキッチンは設けず、各店内でカットも含めた調理を行う。コメは中国山東省にある日系企業から、短粒種ジャポニカ種を調達している。フライをはじめとするカレーのトッピング類は、日本からほぼ輸入しているが、一部日本から輸入できないものについては、中国からの輸入で対応している。

（3）香港における店舗運営上の問題―人手不足、家賃問題―

ＣｏＣｏ壱番屋の香港店舗運営上の問題として、家賃の高騰、人手不足の問題があげられる。香港店舗の賃料はＣｏＣｏ壱番屋の海外店舗のなかにおいてもとくに高額で、日本の同社店舗の平均的な賃料と比較すると約一〇倍にのぼる。また、店舗契約を更新した後の家賃は、一割から二割は値上がりするケースが多いことから、家賃の高騰は店舗運営上厳しい問題となっている。

さらに、人手不足の問題も深刻である。調査対象のA店舗は、従業員は一三人、そのうち正社員七人、アルバイト、パート六人という構成になっている。従業員のうち調理スタッフは約半数の配置になっているが、基本的には、従業員は、すべての役割をできるようにトレーニングし、給与にも反映される仕組みになっている。香港ＣｏＣｏ壱番屋は、他の飲食業よりもアルバイトの時給はやや高めに設定し、アルバイト広告、店舗広告、ネットなど、多様なルートから募集を行っているが人手不足は恒常的な問題となっている。面接において英語だけでなく、広東語を取り入れ、幅広い人材確保に努力しているという。

海外進出の今後

以上から、ＣｏＣｏ壱番屋では海外店舗を着実に増やし、今後、アジアを中心とした海外事業をさらに加速させる予定であることが明らかになった。香港店舗の事例では、現地の消費者のニーズをつかみ、海外店舗のなかでも上位の売り上げを記録するまでになった。香港店舗では、原材料は日本および中国からの輸入を主としている状況にあるが、カレーソースの供給体制の構築が進んでいることから、今後、よりスムーズな食材の供給が進むと考えられ、さらなる店舗拡大への可能性がうかがえる。一方で、家賃、人件費、原材料費の高騰や立ち退きなどのリスクもあり、海外での経営を継続させることはそう容易ではないこともみて取れる。多店舗化についても、進出先の国や地域で、信頼できる企業との連携が不可欠ともいえ、今後の課題は多いといえるだろう。

本章では、アジアを中心とした海外における日本食の広がりと日系外食企業の海外展開の現状について考察を行った。

近年、アジア諸国は経済発展にともない、中間層、富裕層が増加し、巨大な市場として、拡大を遂げている。本章でみたように、世界における日本食の広がりを背景に、海外への食品の輸出、外食企業の進出が増加している。食の分野において、日本とアジアとのつながりはいっそう緊密化している状況にあるといってよいだろう。

外食チェーンのなかには、海外展開を加速させ、現地において人気を獲得している企業もある。ＣｏＣｏ壱番屋の事例では、日本式のサービス、日本品質の商品の提供により、海外店舗を拡大させていた。また、食材の供給については、多国間での生産・供給ルートを構築するなど、調達リスクを回避する対策を講じている。今後、さらなる海外展開が予想できる。

家賃や人件費の高騰をはじめ、海外における店舗運営を継続する上での課題は多い。しかし、国内の外食市場が頭打ちであることを考慮するならば、多くの日系外食チェーンが海外へ進出することは、生き残りをかけた戦略ともいえ、今後、国内に回帰することは考えにくい。今後、外食企業のアジアへの進出は拡大し、アジア市場の重要性はさらに増大することが考えられ、今後の動向に注視する必要があるといえるだろう。

付記　本章は、西野真由（二〇一五）に加筆修正したものである。

【参考文献】

籠瀬明佳（二〇一四）「日本食人気を日本食品の輸出へ」『農業と経済』昭和堂。

土屋晃（二〇一一）『アジアで飲食ビジネスチャンスをつかめ』カナリア書房。

豊島昇（二〇一四）「「和食レストラン」からアジアに広がる日本大衆文化の香り」『農業と経済』昭和堂。

西野真由（二〇一五）「外食企業のグローバル化と海外進出戦略―ＣｏＣｏ壱番屋の中国展開の事例―」大島一二・石塚哉史・菊地昌弥・成田拓巳編著『日系食品産業における中国内販戦略の転換』筑波書房。

経済産業省『通商白書二〇一三』。

農林水産省（二〇一四）「日本食・食文化の海外普及について」。

ジェトロ香港（二〇一六）「香港の日本食品市場の動向と流通」。

国土交通省観光庁『平成二七年度　観光白書』。

農林水産省「農林水産物輸出入概況」二〇一六年八月二〇日最終閲覧。http://www.maff.go.jp/j/tokei/kouhyou/kokusai/houkoku_gaikyou.html

日本フードサービス協会　二〇一六年九月二〇日最終閲覧。http://www.jfnet.or.jp/jf/gaisyoku.html

食の安心・安全財団　二〇一六年九月一五日最終閲覧。http://anan-zaidan.or.jp/index.html

（西野真由）

第3部

東南アジア、中央アジア、新興経済体（ブラジル、ロシア、インド、中国）

第9章　アジア諸国法研究と法整備支援

本章では、日本の法律学において、これまで取り組まれることの少なかったアジア諸国の法を研究することの意義を考えるとともに、今日、日本政府が積極的に行っている「アジア諸国に対する法整備支援」にも言及することにより、法律学がいまアジアにかかわることの重要性を考察する。

1　日本の近代化と法整備

アジアで最初に「近代憲法（Modern Constitution）」を制定したのは、日本であった。幕末の時期に、日本は欧米列強に強いられて、「不平等条約」を締結した。それらの条約には、日本と欧米列強とのあいだに存在した当時の圧倒的な力関係を反映して、①関税自主権の喪失、②治外法権（日本で行われた外国人の犯罪などについて、日本の捜査権、裁判権が奪われている状態）、が存在した。なぜ「不平等」が存在したかといえば、欧米列強の側からする公式的な理由づけは、①日本はキリスト教が広く支配していない「野蛮」な国家である、②日本には憲法をはじめとする近代的な法制度が未確立であり、これでは近代国家と呼ぶことはできない、というものであった。

したがって、明治維新以降の新政権の課題は不平等条約の是正を実現するための「条約改正」であった。そして、政府は一八七一年、岩倉具視を団長とする欧米への視察団を派遣し、当時のアメリカ合衆国、イギリス、フランス、ドイツなどの産業をはじめ法制度などあらゆる分野の近代化の状況を学ぶことにした。岩倉使節団には、伊藤博文、大久保利通をはじめとする、その後の明治政府を中心的に担う人々が同行した。とくに伊藤はプロイセンの憲法事情について見聞を広めてきた。

ところで、その当時、日本には近代的な法律学自体が存在しなかった。そこで、当時の日本の司法省は、法学校を設立し、若い人々に法学教育を行った。そのために、フランスのパリ大学の教授であったボワソナードを招へいするなどして、はじめて本格的な法学教育を開始した。その弟子たちのなかで最も有名なのは梅謙次郎であった。

ボワソナードは、法学教育に取り組むとともに、二〇年にわたり心血を注いで民法典草案を作り上げた。しかし、その草案は、結局のところ「革命」を経た共和制国家であるフランスのナポレオン法典を下敷きにしたものであり、日本の「国体」に合わないものとして、皮肉にも弟子の梅謙次郎をはじめとする司法省により拒否されてしまった。ボワソナードは、失意のなか、フランスへ帰国した。

明治政府は、不平等条約を撤廃し近代国家として日本が国際社会で承認されるため、憲法の制定に着手した。一八八九年に制定された「大日本帝国憲法（明治憲法）」は、第一条に「大日本帝国ハ万世一系ノ天皇之を統治ス」とあるように、天皇が立法権、行政権、司法権のすべてをもち、また、第二章「臣民権利義務」の表題にもあらわれているように、「人権」ではなく「臣民」の権利が定められたにすぎないものであった。

一七八九年のフランス革命の際の「人および市民の権利宣言」第一六条は、「権利の保障が確保されず、権力の分立が定められていないすべての社会は、憲法をもたない」と規定しており、一般に「近代憲法」とは、権利保障と権力分立という二つの要件が満たされていなければならない、と理解されてきた。

そのため、明治憲法は、「外憲的立憲主義」（見かけ上だけの立憲主義のこと）と性格づけられる。とはいえ、明治憲法の制定とその後の基本的な諸法律を制定した日本は、「富国強兵」と「脱亜入欧」の考え方に基づいて、世界と対峙していくことになった。そして、一八九四年には治外法権撤廃、一九一一年には関税自主権を回復し、不平等条約の撤廃を果たした。

ところで、アジアで植民地化を免れたのは、日本とタイだけであり、その他の国々は、欧米および日本の植民地、占領地となった。したがって、植民地化されたアジア諸国においては、自前の法は形成されず、欧米、日本による「植民地法」、「占領地法」などが存在しただけであった。例えば、インドシナ半島の一国であるベトナムは、一九世紀中葉以降、ラオス、カンボジアとともに、フランスによる「フランス領インドシナ」とよばれる連邦植民地となった。植民地では、宗主国フランスの意思を体現した法制度が作られ、とりわけ、植民地からの独立を目指す抵抗運動には苛酷な刑事法（刑法、刑事訴訟法など）が適用された。

フランスは、ベトナムを北部、中部、南部の三つに分け、とくに直轄植民地である南部（交趾支那、コーチシナ）には、フランス憲法が適用された。しかし、フランス憲法の適用とはいっても、それは名ばかりのものであった。フランス本国において、人々は市民（citoyen）という法的な身分を保障され、憲法上の権利を享受したが、交趾支那のベトナム人は、市民（citoyen）ではなく、sujetという身分が与えられた。sujetは、例えばフランス議会に対する被選挙権はもちろんのこと、選挙権すら与えられなかった。かつて、このsujetという独特の概念に注目した日本の法学研究者は、この用語の翻訳語として、「隷民」を採用したが、「近代立憲主義」の本家といわれるフランスにおいても、植民地の人々には権利の保障が行われなかったことに、注目しておく必要がある。さらにいえば、西欧における「近代立憲主義」といわれている権利の保障と権力分立を基盤とする統治形態が、他方での、植民地を無権利状態に置くことによってはじめて支えられてきたことに思いを寄せておくべきであろう。

さて、アジア諸国にとって一九四五年は一つの画期となる年であった。八月には、日本の植民地であった朝鮮が独立し、また、九月には、日本の占領地であったベトナムも独立するなど、第二次世界大戦後に多くのアジア諸国が独立国となった。

一九四五年九月二日の「ベトナム民主共和国独立宣言」（ベトナムの初代大統領ホーチミンの起草による）は、「すべての人間はみな、平等な権利をもって生まれた。造物主は、何人も侵すことのできない権利を与えた。その権利には、生きる権利、自由の権利、幸福追求の権利がある」と述べるとともに、「世界のすべての民族はみな平等に生まれ、どの民族も生きる権利、自由の権利、幸福追求の権利をもつ」と、「民族」の権利を主張した。

そして、独立宣言の一年後の一九四六年一一月に、ベトナムは最初の自前の憲法を制定した。しかし、憲法制定直後から始まった、ベトナムとフランスとの戦争（抗仏戦争という）は、この憲法の実施を妨げた。

2 二〇一五年一二月のＡＳＥＡＮ共同体の成立

二〇一五年一二月にＡＳＥＡＮ（Association of Southeast Asian Nations、東南アジア諸国連合）共同体が成立した。すでに世界には、ＥＵ（欧州連合）、アフリカ連合などの地域共同体が存在するが、アジアには、これまで、このような共同体が存在しなかった。とはいえ、ＡＳＥＡＮ共同体は「内政不干渉」、「多様性のなかの統一」を掲げているため、民主主義、人権など「価値」の統一を強調するＥＵとは大きく異なっている。

さて、二〇〇七年一一月二〇日のＡＳＥＡＮ憲章は、「人権及び基本的自由、並びに民主主義、法の支配、良き統治」の尊重、促進、保護を掲げたが、二〇一二年一一月一八日のＡＳＥＡＮ人権宣言は、「人権及び基本的権利の享有は、対応する義務の履行との均衡が図られなければならない」と述べ、権利と義務の一体性を強調し、また、さらに、「人権の実現は政治的、経済的、法的、社会的、文化的、歴史的、及び宗教的背景を考慮しつつ、地域及び国家の文脈において検討されなければならない」と述べ、「文脈」において人権の実現は異なることを強調した。それは、ヨーロッパなどにみられる「人権の普遍性」を基礎とする考え方とは相当に異なる、「文脈」論的人権論ともいえる考え方である。

ところで、かつて一九九〇年代に登場した「アジア的人権論（Asian style of Human Rights）」や「アジア的民主主義論（Asian way of Democracy）」は、実は、ＡＳＥＡＮ人権宣言と極めてよく似た議論であった。アジア的人権論は、「国家の生存権」という独特な考え方を提示し、実質的には、経済発展を人権に優先する価値とし、また、いわゆる「手続的正義」に重きを置くのではなく、結果が良ければそれでよい、という結果オーライの民主主義論を唱え、さらには、人権問題に関する内政不干渉を強調していた。

とはいえ、たとえ、そのように、人権の普遍性という観点からは限界がある内容をもつＡＳＥＡＮ人権宣言であるにせよ、そこに「人権及び基本的自由並びに民主主義、法の支配、良き統治」の尊重、促進、保護が当然の前提とされた以上、ＡＳＥＡＮ各国の憲法は、少なくともＡＳＥＡＮ人権宣言に抵触しない「体裁」をとる必要性が生じた。すなわち、二〇〇七年の「ＡＳＥＡＮ憲章」ならびに二〇一二年のＡＳＥＡＮ人権宣言などＡＳＥＡＮ共同体が掲げる憲法的価値と、ＡＳＥＡＮを構成する諸国の憲法との整合性が今後、問われることとなった。

以上のことから、現在の日本においては、その地政学的な意味からも、そして、アジア地域をめぐる経済的、政治的、社会的意味からも、従来は取り組まれることの少なかったアジア諸国の法の研究が、あらためて重要性をもつことになった。そして、ＡＳＥＡＮ共同体設立後の状況のもとでは、アジア諸国法研究にかかわって、二つの分野で研究対象を設定する必要性が生じてきた。一つは、ベトナム法、ラオス法、カンボジア法、ミャンマー法など、従来取り組まれることが少なかった地域の法学研究を推進するという課題である。いま一つは、ＡＳＥＡＮ共同体設立後に新たに浮上した「ＡＳＥＡＮ法」ともいうべき分野の研究課題の推進である。ヨーロッパにおいては、ヨーロッパ各国の法の研究とともに、「ＥＵ法」という研究分野が存在するが、それと同様に、「ＡＳＥＡＮ法」研究が独自の研究対象として設定されなければならない。

一般に日本においては、このＡＳＥＡＮ法研究の進展は、まだ緒についたばかりであるが、ＡＳＥＡＮ事務局がインドネシアのジャカルタに置かれ、シンガポール大学やタイのチュラロンコーン大学には「ＡＳＥＡＮ法」を研究するセンターがすでに設立されているのを知るとき、日本の大学にもＡＳＥＡＮ法を専門的に研究するセンターの設立が急いで求められているといえよう。そうでないと、日本の法学研究は、世界とアジアの法学研究の水準から大きく立ち遅れるであろう。

３　アジア諸国法の研究について

さて、「アジア法（Asian Law）」とは、何であろうか。日本の学界では、「アジア法」という用語が使われることもあるが、厳密にいえば、伝統的に学問上、用いられてきた「大陸法」、「コモンロー」などと並ぶカテゴリーとして「アジア法」という一つのまとまったものがあるわけではない。アジア諸国は、独特の法制度——例えば、中国の「律令制」など——に支えられてきた歴史、法伝統をもっている国もあるが、欧米などの植民地（法）支配を受け、大陸法の影響を受けた国々、コモンローの影響を受けた国々、インドネシア、マレーシアのようなイスラーム法の国々など、多様な法の世界から成り立っている。したがって、本章では、「アジア法」ではなく、「アジア諸国法」という用語を使用し、アジアにおける法の世界の多様性を意識的に強調してきた。

ところで、アジア諸国法とは、一体どのようなものであり、いかなる手順で解明できるのであろうか。この問題について、具体的に分かり易くするために、ベトナム法を一つの素材に取り上げて考えてみることにする。

ベトナムは、中国の南に細長く存在する国家である。厳密にいえば、現在の首都ハノイを中心とする北部から中部の古都フエあたりまでが本来のベトナムの地であった。その後、キン族（京族。いわゆるベトナム族）は、フエの南の海雲峠を陥落させ、その南のダナン周辺を支配していたチャム族の国であるチャンパ王国を打ち破り、さらにその後、クメール（カンボジア人）の支配する南部のメコンデルタをも獲得し、版図を拡大していった。

このようなベトナムの国の成り立ちを知っておくことは、現在のベトナム法を理解しておくためにも必要な事柄である。例えば、現在のベトナムには、古い時代の中国に起源をもつ「郷約」（きょうやく。村のおきて）が、一九八〇年代末以降、復活するという奇妙な現象を生じさせたが、「郷約」は、元来は北部から中部にかけてのキン族の支配地域にだけ存在したものであり、南部には、そのような郷約伝統は存在しなかった。したがって、近年の郷約復活運動では、政府主導で、南部には、人為的に郷約を新たに作り上げることなどを行った。

さて、ベトナム法を歴史のなかで考える場合には、最低限、以下のような諸点を踏まえておく必要がある。

第一には、ベトナムは古い時代に中国と冊封関係を結んでおり、中国の植民地のような状態に置かれていた。中国の故宮（紫禁城）は、北京の街の中心にあり、かつての中国の皇帝の強大さを示しているが、このコピーともいえる建造物がベトナムの古都フエにも存在する。このことに示されるように、かつてのベトナムは、「小中国」を目指していた。したがって、古い時代のベトナムは、法の分野でも圧倒的に中国法の影響のもとに置かれてきた。中国の律令制が取り入れられ、また科挙制度（官吏登用試験制度）も導入された。「律」とは、刑法のことであり、「令」とは行政法のことであり、皇帝が人々と社会を支配することを目的とするシステムであった。

この律令制を支えるイデオロギーが儒教であり、「徳と才のある君子による統治」こそが最良のものであるとする儒教の考え方は、「人治」を基本としていた。しかし、統治をするためには、人治だけでは不十分であり、法を道具としていや応なく用いざるを得ないので、法の活用も行われたが、これはあくまでも統治のためにやむなく用いられるものであり、法は必要悪であるとする考え方に基づいていた。

他方、古いヨーロッパに存在したローマ法は、「市民法」（民法）を基礎にした法体系であり、市民と市民のあいだの法関係を基軸にする。これとは対照的に、律令制は、皇帝と臣民という関係を規律する法関係に重点が置かれてきた。このことは、人々の権利観と法律観に大きな影響を与えることとなった。すなわち、ベトナムでは、法というものは「お上」の都合を述べたものであって、人々の権利を支えてくれるものではない、という法意識が支配する原因ともなった。

ベトナムの首都ハノイの街には、「文廟」（孔子廟）が存在し、今日では、重要な観光スポットになっているが、文廟の静謐な環境は、旅人をなごませてくれる。文廟には孔子が祀られているが、同時に石で造った亀の甲羅の上に碑が建てられ、そこに漢字で年号と氏名が刻まれている。これは、ベトナムの科挙制度のなかで、最高位の「進士」に合格した人々の名前である。

このように、ベトナムは長きにわたって、中国法の影響を受けてきた。とはいえ、当時のベトナム法が完全に中国法のコピーかというと、そうではなく、例えば、一五世紀につくられた「洪徳法典」は、当時の中国の唐律の影響を受けながらも、夫婦間の財産分与について妻の立場をより強く認めるなど、中国法とは異なる特徴を有している。

第二には、一九世紀の中葉以降、ベトナムは、フランスの植民地となった。その結果、ベトナムは宗主国であるフランス法の影響のもとに置かれた。先にも述べたように、その影響の仕方は、あくまでもフランスが統治するのに都合がよい限りでのものであったが、フランスの大陸法的な法制度はもとより、司法制度など、その後、長きにわたって、フランス法の影響がベトナムに残ることになった。ハノイの最高裁判所は、二〇世紀の初頭、フランス植民地時代に建造されたものであり、改修して今日も使われているが、そのすぐ近くには、ハノイ監獄が作られ（今日では監獄の塀だけが残され、記念館となっている）、その様子からは、裁判所でフランス植民地支配に反抗したベトナム人の裁判を行い、直ちに監獄に収監させた、という有り様が生々しく伝わってくる。

植民地時代のベトナム法は、何よりも、人々を弾圧するために厳罰規定をもった刑事法を中心とする法体系であり、その結果、法はみずからを守ってくれるものではなく、フランス植民地宗主国の利益を守るものである、という法観念を人々に植え付けた。

第三には、第二次世界大戦後の独立宣言の後、ベトナムは、フランスに対する戦争を行い、その終結の後、一九五〇年代になると、本格的に社会主義への方向を目指すことになる。とくに一九五〇年代には、一九四九年の新中国の誕生と、その後の中国の経験に学んで、土地革命に着手するとともに、毛沢東による「百花斉放・百家争鳴」の路線を模倣することとなった。

一九六〇年代になると、ベトナムは当時のソ連の社会主義法を忠実に模倣するようになった。加えて一九六〇年代当時の北ベトナムにおいては、大学での法学教育が行われておらず、優秀な学生がモスクワやバクーやタシケントや東ドイツなどの大学に派遣された。したがって、社会主義時代のベトナム法は全体として、ソビエト法の圧倒的な影響力の下にあり、ソ連法のコピーという性格を色濃くもっていた。とはいえ、他方では、農業を中心とする農村社会が支配的であった中国とベトナムは、社会構造において似通った性格をもっており、このことが中国法とベトナム法のある種の類似性を生じさせることとなった。

いずれにせよ、ベトナム法の現在を考察するうえでは、社会主義法という、マルクス主義法理論の洗礼を受けていることを理解しておく必要がある。とくに、憲法をはじめ刑事法など「人権」にかかわる分野、また、司法制度のあり方は、社会主義法のかつてのソ連、東欧諸国における理論と実際を知っておく必要がある。

一九八六年からベトナムは、「ドイモイ（刷新）」路線を採用し、市場経済の導入と対外開放政策を目指すこととなった。とくに、一九八九年の東欧社会主義体制の崩壊は、ベトナムにも大きな衝撃を与えた。加えて、一九八九年以降に始まる欧米諸国および日本による「法整備支援」とも相まって、ベトナムは「法治国家」たることをスローガンに掲げ、さらには、一九九二年憲法では、初めて「人権」を憲法上の権利として規定した。

その結果、現代のベトナム法は、政治体制としては共産党の一党支配体制を堅持しながらも、従来の社会主義法理論とは整合性をもたない法体制を形づくることとなった。

4 アジア諸国に対する法整備支援

一九九〇年代中頃より、日本政府はアジア諸国に対する法整備支援というプロジェクトを開始した。法整備支援プロジェクトは、第一義的には、いうまでもなく、アジアの開発途上国への法の分野での開発援助を目指すものであり、その結果として、援助のために必要不可欠であるアジア諸国法の調査と研究が行われることになった。

同時に、日本政府による、アジア諸国に対する法整備支援プロジェクトは、その支援の理念を確立するために、明治以降の日本の近代法形成過程をいや応なく再確認する研究を必要とした。さらに、法という分野の開発援助は、従来の日本の大学法学部などで行われてきた「外国法研究」、「比較法研究」というものがもつ意義と限界、また方法論の再検討をも求めるに至った。

一言でいえば、明治維新以降、フランス、ドイツ、イギリス、さらにはアメリカ合衆国などの法の実際と理論を「あと追い」的に求め、それらの欧米諸国の法を「範型」として学んできた、日本の法律学のあり方をも見直す契機ともなった。

日本政府の法整備支援は、現在、日本の法務省の検察官、裁判所の裁判官、日本弁護士連合会の弁護士、日本司法書士会連合会の司法書士、大学の教員、さらにはＪＩＣＡ（独立行政法人国際協力機構）などが協力して行っている。ベトナムをはじめとし、ラオス、カンボジア、モンゴル、ウズベキスタン、ミャンマー、ネパールなどのアジア諸国に対し、立法支援、法運用支援、法曹養成支援、法学教育支援など多彩な分野での開発援助が行われている。

大学が取り組む法整備支援としては、名古屋大学の法政国際教育協力研究センター（Center for Asian Legal Exchange＝CALE）の取り組みが最も有名であり、アジア諸国の若い法学徒への法学教育支援と、アジア諸国法の研究を精力的に行っており、ベトナム（ハノイ、ホーチミン）、ラオス、カンボジア、ミャンマー、インドネシア、ウズベキスタン、モンゴルの七カ国に八つの日本法教育研究センターを各地の大学に設立して活動を行い、さらには、名古屋大学への留学生受け入れを行っている。

かつて、明治期の日本は、当時の司法省に法学校を設立し、フランスからボワソナード教授らを招へいし、日本の法学教育と立法に当たらせるなど、これらの「お雇い外国人」による法学教育と法律形成は、日本の法の近代化の礎を形づくった。アジア諸国の開発途上国は、これまでのさまざまな歴史的経緯から、いまだ近代的な法制度の確立、法の支配、ガバナンスの構築という点で、多くの難しさを抱えている。かつての日本がそうであったように、これらの国々の法の近代化のために、日本の法律家、法学研究者らが力を合わせ、この事業に取り組むことは、時代の要請であるとともに、日本の法曹と日本の法律学が文字どおりの「グローバル化」、「国際化」の時代にふさわしい能力を形づくるうえでも、決定的に重要な事柄である。

ASEAN共同体の創設が実現した今日、日本は、従来の欧米だけに焦点を当てた法学研究だけではなく、アジア諸国を含め、広く世界に目を向けた法学研究の対象拡大が求められている。そのためには、英独仏の言語だけではなく、ベトナム語、ラオ（ラオス）語、クメール（カンボジア）語、ミャンマー（ビルマ）語、モンゴル語等々の語学の習得が不可欠であるし、さらにいえば、イスラームの知識習得も必要であろう。

しかし、若い世代が、これまでの日本では「日陰の学問」ともされてきた、これらの地域の法と社会を本格的に学ぶことによって、日本の学問が、大きな飛躍を遂げ、さらには、これらの学問的営為の結果、日本法の今後の形成に新しい課題を発見し、日本法をより世界に開かれたものとしていくことが、可能となるであろう。

（鮎京正訓）

【参考文献】


鮎京正訓（一九九三）『ベトナム憲法史』日本評論社。

鮎京正訓編（二〇〇九）『アジア法ガイドブック』名古屋大学出版会。

鮎京正訓（二〇一一）『法整備支援とは何か』名古屋大学出版会。

稲子恒夫（一九五七）「ヴェトナム民主共和国独立宣言（解説と翻訳）」『人権宣言集』岩波文庫。

大久保泰甫（一九七七）『ボワソナアド―日本近代法の父―』岩波新書。

三ケ月章（一九八二）『法学入門』弘文堂。

福島正夫（一九九五）「比較法」『福島正夫著作集』第六巻、勁草書房。

五十嵐清（二〇一五）『比較法ハンドブック（第二版）』勁草書房。

第10章　南シナ海問題と米国の外交政策

1　南シナ海問題への視点

二〇一五年一〇月二七日、米海軍横須賀基地に所属するイージス艦ラッセンは、南シナ海で中国が建設している人工島（スビ礁）から一二カイリ内を通過し、「航行の自由作戦」を行った。この出来事は日本でも新聞の号外が出るなど、大きく取りあげられた。南シナ海問題は、とくに二〇〇〇年代後半から国内外でニュースに取りあげられていることから、何が争われているのか、何が問題になっているのかを知っている読者は少なくないかもしれない。しかし、後述するように、南シナ海問題の係争国は、中国や東南アジア諸国などアジアの国々であり、米国は係争国ではない。にもかかわらず、新聞やテレビでは、南シナ海をめぐる米国と中国の対立がしばしば取りあげられている。係争国ではない米国がなぜ関係してくるのだろうか。このように米国の関与を不思議に思う読者は少なくないのではないだろうか。そこで本章は、この問いを明らかにすることを目的としている。これに加えて、本章は、アジアの国際関係の観点から、次の二点を指摘することも目的としたい。第一に、米国の関与の理由を説明することで、南シナ海問題が単なる領有権をめぐる争いではなく、もう一つ別の重要な側面をもつ紛争であること。第二に、第一点と関連するが、この紛争のもう一つの側面によって、南シナ海問題は、二一世紀アジアの国際秩序のあり方を左右しうる紛争といっても過言ではないことである。以下では、南シナ海問題の概要を整理した後、この問題への米国の関与の理由および政策を取りあげる。

2　南シナ海問題とは

南シナ海問題とは何かと問われれば、最初に頭に浮かぶ答えは「領有権問題」であろう。実際、南シナ海問題は、第二次世界大戦終結後、日本が一九五一年のサンフランシスコ平和条約で新南群島（スプラトリー（南沙）諸島）およびパラセル（西沙）諸島に対する権利を放棄した後、これらの島々の帰属が曖昧にされてきたために生じた問題である。争われている島々は、南シナ海に浮かぶ四諸島である（図10－1）。それらは、スプラトリー（南沙）諸島（領有権主張国・地域は中国、台湾、フィリピン、ベトナム、マレーシア、ブルネイ）、パラセル（西沙）諸島（中国、台湾、ベトナム）、マックレスフィールド岩礁群（中沙諸島）およびスカボロー礁（中国、台湾、フィリピン）、プラタス（東沙）諸島（中国、台湾）であり、計六つの国・地域が全部ないし一部の領有権を主張している。

これら島々の領有権をめぐって、関係国はときに火花を散らしてきた。一九七四年一月には、中国軍がパラセル（西沙）諸島のクレスセント（永樂）諸島に侵攻して、ベトナム戦争中にあった南ベトナ

図10－1　南シナ海

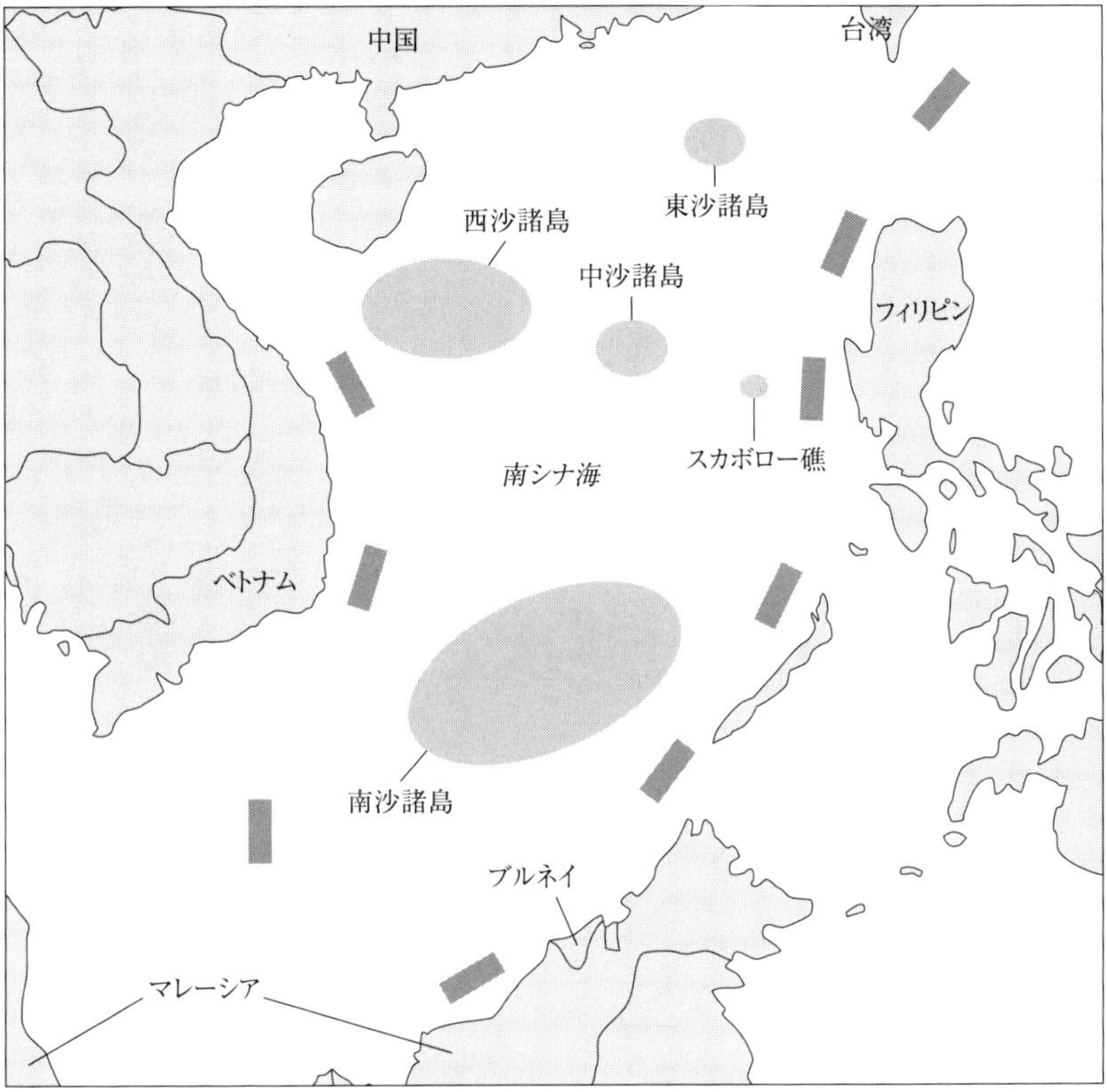

（ 注 ）　破線は中国が主張する「九段線」。
（出所）　佐々木健「中国の南シナ海進出と国際社会の対応」『立法と調査』衆議院，378号，2016年7月1日を参考に作成。
http://www.sangiin.go.jp/japanese/annai/chousa/rippou_chousa/backnumber/2016pdf/20160701097.pdf

ム軍を排除し、パラセル（西沙）諸島全体を占領した。一九八八年三月には、中国とベトナムはスプラトリー（南沙）諸島のジョンソン南（赤瓜）礁で衝突し、同礁、ファイアリークロス（永暑）礁など複数の岩礁を中国が獲得した。さらに一九九五年二月になると、中国はフィリピンが実効支配していたスプラトリー（南沙）諸島のミスチーフ（美済）礁を占拠し、建造物を構築した。このような中国の行動に対して、東南アジア諸国はなんの行動もとらなかったわけではない。一九九二年七月にASEAN（東南アジア諸国連合）は「南シナ海に関する宣言」を採択、関係国に平和的解決と行動の抑制を求めた。また、二〇〇二年一一月にASEANと中国は「南シナ海における関係国行動宣言」を採択し、南シナ海問題は、解決ではないにしても、沈静化するかにみえたときもあった。しかし、二〇〇〇年代後半になると、再び緊張が高まるに至った。

ではなぜ、南シナ海問題は解決に至らないのであろうか。その理由は三点あげられよう。第一は、国家主権および領土保全にかかる問題だからである。主権や領土にかかわる問題は、これら関係国に限らず、国際社会におけるすべての国にとって譲歩し難いものである。ひとたび譲歩すれば、その主権や領土は二度と戻っては来ない。また、複数の国と複数の領土問題を抱えている場合、一つの領土問題における譲歩は他の争いに悪影響を及ぼしうる。領土は、経済的価値、戦略的価値、精神的価値（国民の愛国心）などあらゆる価値をもたらす。なかでも被植民地の経験をもつ六つの国・地域にとっては、主権はきわめて重要なものである。第二次世界大戦後に独立戦争などを経てようやく主権や領土を獲得ないし回復した国もあり、領有権に対する執着はとりわけ強いものがある。

第二の理由は、南シナ海は、魚などの生物資源および原油や天然ガスなどの非生物資源の宝庫だからである。実際、領有権争いが激化したのは、一九六九年に国連アジア極東経済委員会（ＥＣＡＦＥ）が、黄海、東シナ海、南シナ海の大陸棚に豊富な原油および天然ガス資源が埋蔵されている可能性があることを指摘してからである。中国や東南アジア諸国は急速な経済成長を遂げており、天然資源への需要は今後も高まるであろう。第三の理由は、南シナ海の戦略的重要性に求められる。この点は、とりわけ中国のような海洋大国を目指す国にとって価値が高い。南シナ海は一日五万隻以上が航行する海上交通路の要衝であり、また太平洋とインド洋をつなぐ海でもある。南シナ海における島々の領有権を確保することは、両大洋で海洋活動を展開する際の足がかりを提供する。

とくに二〇〇〇年代後半になって、南シナ海問題が国際社会の関心を集めるようになった一つの大きな理由は、中国の言動にある。中国は、地図上に九つの破線で示される「九段線」と称される（「牛の舌」とも呼ばれる）南シナ海のほぼ全域に相当する海域に歴史的な権利を有するとし、その主張に基づいた強硬的な行動をときにとっている。軍事力を背景に、中国は自国の実効支配を一方的に進めているのである。中国のこうした行動に危機感を抱く他の東南アジア領有権主張国、日本を含む近隣諸国、米国などが、国際裁判所への提訴、軍事作戦の実施などあらゆる行動を通じて異議を唱えている。なお、二〇一六年七月一二日、オランダ・ハーグにある国際仲裁裁判所は、中国の九段線の主張には法的根拠がないとして、事実上全面的に退ける司法判断を示した。しかし、中国は判決を受け入れないと強く反発し、今後も国家主権と海洋権益を断固守ると強調した。南シナ海における緊張は、今後もしばらく続くであろう。

3　なぜ米国は南シナ海問題に関与するのか

前節で南シナ海問題の概要を述べたが、前述のとおり、領有権を主張しているのは南シナ海に面する六カ国・地域であり、米国は領有権を主張していない。しかし、近年の報道では、南シナ海問題における米国と中国の対立が大きく取りあげられている。事実、冒頭で紹介した南シナ海における「航行の自由作戦」は、米軍が行ったものである。なぜ米国が同問題に関与しているのだろうか。それは、米国の同盟国であるフィリピンが紛争当事国であることから、同盟国を支援するために関与しているのだろうか。そのように捉えられる動きがないわけではない。例えば、米国とフィリピンは近年、安全保障協力を強化させている。二〇一四年、両国は新軍事協定（防衛協力強化協定）を締結し、米軍のフィリピン再拠点化への道を開いた。この協定により、米軍はフィリピンの軍事施設の使用、新施設の建設や既存施設の変更および改修を行うことができる。他にも、米兵の巡回配置、航空機や艦船の給油と積載、軍事兵器の事前配置など、米軍はさまざまな軍事活動ができる。さらに二〇一六年三月、米国は、スプラトリー（南沙）諸島に近いパラワン島のアントニオ・バウティィス空軍基地や、中国が実効支配しているスカボロー礁（黄岩島）に近いルソン島のフォート・マグサイサイ基地など、フィリピン国内五つの基地を米軍が使用する協定を結んだ。

だが、フィリピンの領有権主張を支持するために、米国は南シナ海問題に関与しているわけではない。むしろ、フィリピンからすれば、米国の立場は冷ややかなものであろう。米国は後述するように、領有権主張に対して特定の立場をとらないことを明らかにしており、フィリピンの領有権主張に肩入れしたことはない。さらに、フィリピンが領有権を主張する南シナ海の島々に米比同盟が適用されるか否かについて、米国は曖昧な立場を維持している。これは、尖閣諸島に日米同盟が適用されると明言する米国の立場とは対照的である。米比安全保障協力強化の米国の目的の一つは、脆弱なフィリピン軍の近代化および能力構築にある。しかし、それは必ずしも、南シナ海において米比両軍が一体となって、中国人民解放軍海軍に対峙するためではない。

米国が南シナ海問題に関与する要因を検討する前に、この問題に対する米国の外交方針を確認しておこう。二〇一四年二月に米下院外交委員会アジア太平洋小委員会で行ったダニエル・ラッセル国務次官補（東アジア・太平洋担当）の証言をもとにすると、それは次の七点にまとめられる。

（1）武力行使およびその威嚇による解決、または一方的な現状変更に強く反対し、緊張を高める行動の自制を呼びかける。
（2）「海洋法に関する国際連合条約」（国連海洋法条約）をはじめとする国際法に基づく紛争の平和的解決を望む。
（3）航行の自由の確保は米国の国益である。
（4）各国の領有権の主張は国際法に依拠しなければならない。
（5）米国は競合する領有権主張に関して一方的な立場をとらない。
（6）南シナ海における「行動規範」の早期策定を望む。
（7）米国は紛争の解決および緊張の緩和に資するあらゆる外交努力を行う。

南シナ海問題における米国の外交政策に対して耳目が集まったのは、二〇一〇年七月にベトナム・ハノイで開催された第一七回ＡＳＥＡＮ地域フォーラム（ＡＲＦ）閣僚会合であった。ＡＲＦは一九九四年に設立された、アジア太平洋地域における常設の多国間安全保障協力組織であり、毎年二五カ国以上の外務大臣が集い、安全保障問題について討議している。このＡＲＦ閣僚会合に参加したヒラリー・クリントン米国務長官は、米国は南シナ海問題の平和的解決を支持し、武力行使および武力による威嚇への反対を明言、名指しを避けながらも暗に中国を批判した。報道によれば、多くの東南アジア諸国が同長官の発言を支持し、これに憤慨した中国の楊潔篪外交部長（外務大臣に相当）は会議室から退室、一時間以上戻って来なかったという。また、クリントン国務長官は、米国は二〇〇二年の「南シナ海における行動規範」に則したイニシアティブや信頼醸成措置を促進する準備ができていると発言した。バラク・オバマ政権がアジア太平洋重視政策（ピボットないしリバランスと称される）を展開するなかで、南シナ海問題への米国の関心は高まった。

米国はなぜ南シナ海問題への関与を強めているのだろうか。その理由は四点にまとめられよう。第一は、中国版モンロー・ドクトリンへの懸念である。モンロー・ドクトリンとは、ジェームズ・モンロー第五代米大統領が一八二三年一二月に議会に送った年次教書のことであり、その内容はヨーロッパとの関係で考えた場合、孤立主義の基調となる外交方針であった。具体的には、ヨーロッパの問題への米国の不干渉主義、西半球（南北アメリカ）へのヨーロッパ諸国の不干渉ならびに非植民地主義、当時南米で独立を模索していた旧スペイン領への欧州による介入は米国にとって脅威であること、の三点から構成されていた。すなわち、モンロー・ドクトリンは、西半球は米国の勢力圏であることを宣言したにほかならない。このモンロー・ドクトリンに基づいて、棍棒外交を展開したセオドア・ルーズベルト大統領がカリブ海政策を推し進め、カリブ海の勢力圏化を目指したことはよく知られている。西半球を米国の勢力圏下に置くにあたって、カリブ海の支配はきわめて重要であった。

米国の中国版モンロー・ドクトリンへの懸念とは、一九世紀に米国がヨーロッパ列強に求めたのと同様に、今世紀は中国が勢力圏の形成を目指す過程で、米国の介入を拒否するのではないかというものである。こうした懸念は、二〇〇七年に中国人民解放軍海軍の某幹部が、米太平洋軍司令官に対して述べた言葉によって高まったと考えられる。同海軍幹部は、広大な太平洋のハワイから東は米国が管理し、その西は中国が管理するのはどうかと、太平洋分割管理案を提案したという。この幹部は冗談話として語ったようだが、実は中国の本心ではないかと米国は疑念を抱いたという。つまり、中国は西太平洋地域を自国の勢力圏とし、米国を排除しようとしているのではないか。米ジャーナリストのロバート・D・カプラン氏が、南シナ海を「中国のカリブ海」と形容するように、米国にとってのカリブ海が、中国にとっての南シナ海であるかもしれない。米戦略国際問題研究所（CSIS）は、二〇一六年一月の報告書（「アジア太平洋リバランス二〇二五」）で、米国にとってカリブ海が今日そうであるように、二〇三〇年までに「南シナ海は事実上中国の湖になる」と述べている（米戦略国際問題研究所、二〇一六）。さらに、中国の一帯一路構想の「一路」（二一世紀海上シルクロード）は、南シナ海、インド洋、アラビア海を経て地中海に至る海上交通ルートであり、中国版モンロー・ドクトリンは南シナ海のみならず地中海にまで及ぶとの指摘もある。

第二は、南シナ海での中国の実効支配が拡大、強化されれば、米国の軍事活動が大きく制限されるからである（この点については、山本秀也氏の『南シナ海でなにが起きているのか』がより詳しい）。中国はすでにパラセル（西沙）諸島のウッディー（永興）島に爆撃機が飛び立てる滑走路を完成させ、スプラトリー（南沙）諸島のファイアリークロス（永暑）礁の三〇〇〇メートル級の滑走路もほぼ完成状態にある。さらに中国は、フィリピンの排他的経済水域（ＥＥＺ）内にあるスカボロー礁（黄岩島）を二〇一二年に占拠し、二〇一六年九月には構造物建設の動きがあることが明らかとなった。ここが埋め立てられ、人工島となり滑走路が建設されれば、中国が主張する九段線の中央にウッディー（永興）島、ファイアリークロス（永暑）礁、スカボロー礁（黄岩島）を三角形で結ぶ航空拠点網が形成されることとなる。近代的なミサイルを搭載した戦闘機、爆撃機がこれらに配備されれば、南シナ海における米軍の行動は制約を受けることになる。

第三は、米国は、中国の南シナ海における行動を既存の国際法に対する挑戦であると捉えているからである。中国は南シナ海にある計七つの岩礁で埋め立て作業を行っている。海面下の岩礁を埋め立て、人工島を造成し、そこに港湾施設、軍事施設、滑走路などを建設している。前述したファイアリークロス（永暑）礁は一例である。問題は、「人工島」は国際法上「島」であるか否かである。島であるならば、その一二カイリ内は領海、二〇〇カイリ内はＥＥＺとなる。国連海洋法条約第一二一条によれば、「島とは、自然に形成された陸地であって、水に囲まれ、高潮時においても水面上にあるものをいう」。すなわち、埋め立てによってその構造物が満潮時に水面上にあるとしても、埋め立て前の自然状態で常時水面上になければ、それは島とは認められない。米国が行った「航行の自由作戦」の目的は、中国が埋め立てた人工島は国際法において「島」とは認められず、したがってその一二カイリ内も領海とはならないことを中国に行動で示すことであった。

第四は、ロバート・ゲーツ国防長官の発言によって端的に表される。二〇一〇年一月、ゲーツ国防長官が訪日し慶應義塾大学で講演をした際、ある学生が次の質問をした。「中国に対して譲れないものは何ですか」。この質問に対して、国防長官は次のように答えた。「譲歩が不可能な分野の一つは、ほぼ建国以来の米国の基本原則の一つである航行の自由、通商と貿易ならびに海運のためのグローバル・コモンズの自由である」。航行の自由の確保は、米国政府高官が機会あるごとに強調する点であり、クリントン国務長官も、前述の二〇一〇年七月のＡＲＦに出席した際、航行の自由を確保することが米国の国益であると述べている。

航行の自由を、建国以来の原則と形容することはあながち大げさではない。実際、アメリカ合衆国憲法を批准するにあたって、同憲法が新生国家であるアメリカ合衆国にとっていかに重要であるかを説いた論文集である『ザ・フェデラリスト』は、海運業による通商の独立性の維持と、海外交易への海軍による保護の必要性を指摘している。背景には、独立戦争の際、英国による海上封鎖に苦しんだ経験があった。また、一八一二年の米英戦争の一つの原因は、当時中立を維持していた米国の通商を、英国が海上封鎖したためであった。欧州を舞台とした第一次世界大戦への参戦に消極的であった米国が、参戦を決意した重要な理由の一つも、ドイツによる無制限潜水艦作戦によって米国商船の航行の自由と安全が脅かされたからであった。このように、建国以来、航行の自由の確保は、米国が戦争に訴える際の重要な原則となってきた。

同様に、航行の自由は、米国の国際秩序構想のなかで重要な要素として位置づけられてきた。例えば、第一次世界大戦中の一九一八年に提唱された、同大戦の講和原則でもあり、大戦後の国際秩序構想でもあったウッドロー・ウィルソン大統領の「十四カ条の平和原則」でも、その第二条で海洋の自由が謳われている。さらに、フランクリン・ルーズベルト大統領とウィンストン・チャーチル英首相が大西洋上で調印した、第二次世界大戦後の国際秩序構想を描いた大西洋憲章のなかでも、八つの基本原則のうちの第七条において、公海の自由が掲げられている。このように、国際秩序を形成ないし維持するうえで、米国は航行の自由を重視してきたのである。

航行の自由、なかでもＥＥＺ内における軍事活動をめぐって、米中は異なる解釈をしており、これが米中の対立の根幹にあるといっても過言ではない（厳密には、航行の自由とＥＥＺ内における軍事活動は同じとは言い難いが、米国は、後者は航行の自由に含まれるとの立場である。なお、ＥＥＺにおける軍事活動については、章末に挙げる坂元論文が参考になる）。一九八二年に採択された国連海洋法条約は、領海基線から二〇〇カイリまでをEEZと定めた。ＥＥＺは、端的にいえば、沿岸国が他国を排して（排他的に）経済活動を行うことのできる水域である。経済活動とはどのような活動を指すのだろうか。国連海洋法条約第五六条は、ＥＥＺ内における天然資源の探査、開発、保存、管理、また経済的な目的で行われる探査、開発のためのその他の活動（海水、海流および風からのエネルギーの生産など）に、沿岸国は主権的権利を有すると規定している。これに加えて、沿岸国は、人工島、施設等の設置および利用、科学的調査、環境保護に関する管轄権なども有している。ただし、ＥＥＺにおける航行および上空飛行の自由は、沿岸国のみならずすべての国に認められている（同第五八条）。したがって、日本を例にとれば、日本のＥＥＺ内で経済活動を行えるのは日本に限定されるが、同水域内の航行や上空飛行はすべての国が自由に行える。

米中の対立点を一言でいえば、沿岸国は自国のＥＥＺ内における他国の軍事活動を規制できるか否かである。南シナ海を含め、自国から遠く離れた海域で情報収集活動を行っている米国の立場は、否である。米国は、沿岸国がＥＥＺ内で有する権利は主に経済活動に関するものであり、軍艦による情報収集や軍事演習などの軍事活動は含まれないとする（英国など主要海洋国は、これと同様の解釈をする）。また、米国は、軍事的調査は海洋の科学的調査とは異なるため、前述の国連海洋法条約第五六条にある沿岸国の管轄権には含まれないと捉える。したがって、他国のＥＥＺであっても、米軍の行動は制限されないとの立場を採用する。

他方、中国の立場は是である。中国は、沿岸国の経済発展を妨げないために、自国のＥＥＺ内において他国の軍事活動を規制する権利を有しており、軍事活動を行う場合は沿岸国の事前許可が必要であると主張する（ブラジルなど複数の途上国は、これと同様の立場をとる）。よって中国は、沿岸国の許可を得ずに米軍が行っている南シナ海における中国のＥＥＺ内での情報収集などは、航行の自由を超えた権限の濫用であり、国連海洋法条約第五八条三項が規定する、他国は沿岸国に対して妥当な考慮を払う義務に違反していると批判する。

米中ともに、それぞれの法解釈のもとに政策および行動をとるため、両国間の緊張が高まる事件に発展したことが過去に数回ある。一つは、二〇〇一年四月に起きた海南島事件である。これは、海南島付近の南シナ海上空で、中国国内の無線通信傍受活動を行っていた米海軍の偵察機ＥＰ–３Ｅと、それを阻止すべく接近した中国人民解放軍海軍のＦ–８戦闘機が空中衝突した事件である。もう一つは、インペッカブル事件である。二〇〇九年三月、海南島沖約一二〇キロメートルの海域で、米海軍音響測定艦インペッカブルの進路を、中国人民解放軍海軍の調査船五隻が包囲、妨害した。海南島事件のような衝突はなかったが、米海軍艦船の航行の自由が実力行使によって妨害された事件であった。また より近年でも、二〇一四年八月に南シナ海上空で活動していた米海軍P-8哨戒機に対して、中国軍戦闘機が三回にわたり異常接近したケースや、二〇一五年五月にCNNクルーを搭乗させて南シナ海上空を飛行していた米軍哨戒機に、中国軍機が近づき、ただちに退去するよう複数回にわたって強く要求したケース、さらに、二〇一六年一二月に南シナ海で、中国海軍艇が米海軍海洋調査船の無人海洋調査機を奪ったケースが報道されている。

いずれの事件も米中の武力衝突には発展しなかったものの、今後も発展しないという保証はない。米中両国ともに、武力衝突へと発展することは望んでいない。しかし、航行の自由、とくにEEZ内における軍事活動について異なる法解釈をする両国が、それぞれ自国の主張に基づいて行動を起こせば、小競り合いが生じても不思議はないであろう。最も憂慮すべきは、両国の誤認に基づく行動である。すなわち、相互に武力衝突を望んでいないと高をくくり、自国の行動は相手国の強硬な対応を引き起こさないであろうという誤認に基づいてとった行動が、後者の許容範囲を越えた行為であった場合、後者の強い反応（軍事的対応）を招きかねない。また、その後者のとった反応が前者にとって同様に許容し難い行為であれば、対立はさらにエスカレートする。例えば、中国のEEZ内における米海軍艦船の活動が、中国の軍事的対応を誘発し、この中国の軍事的対応がさらなる米国の軍事的対応を招くという具合である。上述した事件を踏まえれば、誤認に基づく行動が、偶発的な武力衝突へと発展する可能性は否定できないであろう。

4 南シナ海問題とアジア地域秩序のゆくえ

本章の最後に強調しておきたい点は、第一節で言及した、領有権争いの側面とは別の南シナ海問題の「もう一つの側面」である。これは、米国が南シナ海問題に関与する理由の特に第三（国際法における「島」とEEZの解釈）と第四（国際法における航行の自由の解釈）の二点に着目するとわかりやすい。すなわち、南シナ海における中国の言動は、既存の法および規範を無視ないし軽視するものであり、それはルールに基づく国際秩序の根幹を揺るがす。ルールに基づく秩序への挑戦という側面は、南シナ海問題が係争国・地域のみならず、国際社会全体の問題でもあることを示していよう。

前節で四つの理由を説明したように、同側面は、米国が南シナ海問題に関与する大きな動機となっている。米国は一九世紀末からアジアに本格的に進出し、とくに第二次世界大戦後は、日本をはじめとする複数の国々と二国間同盟を締結し、これを軸に自国を中心とする地域秩序を形成してきた。その米国にとって、自国を排除ないしその役割を大きく相対化する形で勢力圏形成を希求する中国版モンロー・ドクトリンは受容できない。それは、米国中心の地域秩序に対する挑戦である。また、米国は一九七九年から「航行の自由計画」として、同盟国や友好国の領海を含む海域を通航してきたし、世界各地で軍事活動を展開してきた。軍事力を増強し続ける中国の法解釈に基づく言動を黙認すれば、米国の軍事戦略は大きく制限されるうえ、米国中心のルールに基づく国際秩序が損なわれかねない。

日本にとって、南シナ海問題は決して対岸の火事ではない。南シナ海が不安定化すれば、同海域を通過して中東から日本に石油を運搬する船舶や、ヨーロッパや中東に向けて輸出品を運搬する船舶の安全は脅かされ、日本経済は打撃を受けるであろう。しかし、問題はそれ以上である。戦後、日米同盟を締結し、米国中心の国際秩序のなかで生存と繁栄を達成してきた日本にとって、南シナ海問題は、今後のアジアの地域秩序のあり方を左右する問題である。これを踏まえたうえで、同問題にいかに、どのように関与していくべきか、日本は考え、行動しなければならない。

【参考文献】

坂元茂樹（二〇〇六）「排他的経済水域における軍事活動」栗林忠男・秋山昌廣編著『海の国際秩序と海洋政策』東信堂。

新田紀子（二〇一三）「オバマ政権の東アジア政策と航行の自由」久保文明・高畑昭男・東京財団「現代アメリカ」プロジェクト編著『アジア回帰するアメリカ』NTT出版。

毛利亜樹（二〇一一）「法による権力政治―現代海洋法秩序の展開と中国―」日本国際問題研究所『中国外交の問題領域別分析研究会』日本国際問題研究所。

山本秀也（二〇一六）『南シナ海でなにか起きているのか』岩波ブックレット九五六、岩波書店。

ロバート・D・カプラン（二〇一四）『南シナ海　中国海洋覇権の野望』講談社。

Campbell, Kurt M. (2016). The Pivot: The Future of American Statecraft in Asia, New York: Twelve.

Center for Strategic and International Studies (2016). Asia-Pacific Rebalance 2025: Capabilities, Presence, and Partnerships, Washington, D.C.: Center for Strategic and International Studies.

Glaser, Bonnie S. (2012). "Armed Clash in the South China Sea." Contingency Planning Memorandum

No. 14, Washington, D.C.: Council on Foreign Relations.
Morton, Katherine (2016). China's ambition in the South China Sea: is a legitimate maritime order possible?, International Affairs. 92: 4, 909–940.

（福田　保）

第11章　中央アジアからみた中国と日本

1　中央アジアを論じる意義

読者は「中央アジア」と聞いて何を思い浮かべるであろうか。広大な草原やオアシス地域、シルクロードを通じた東西交渉史、美しいイスラーム建築群、大国の思惑が交錯する舞台、権威主義的な諸国家、豊富な地下資源などをイメージするかもしれない。もちろんそれぞれが中央アジアの一側面であるが、いずれか一つをもってこの地域を語ることはできない。中央アジア史を専門とする小松久男氏の「多様な文明の重層と複合のプロセスがたゆまなく積み重ねられてきた動的な場」（宇山編、二〇一〇、二四ページ）という言葉が端的に示すように、中央アジアは多様な顔をもって変容し続ける地域といえる。

では具体的に中央アジアは地図上でどこを指すのか。実は「中央アジア」が指す領域は必ずしも確固としているわけではない。一般的に「地域」は、国家をこえる領域を指す場合もあれば、国家と同一の場合、あるいは国家内の一地方の場合もあり、時代、主体、学問分野などによってその対象とす

図11－1　中央アジアおよび周辺国略図

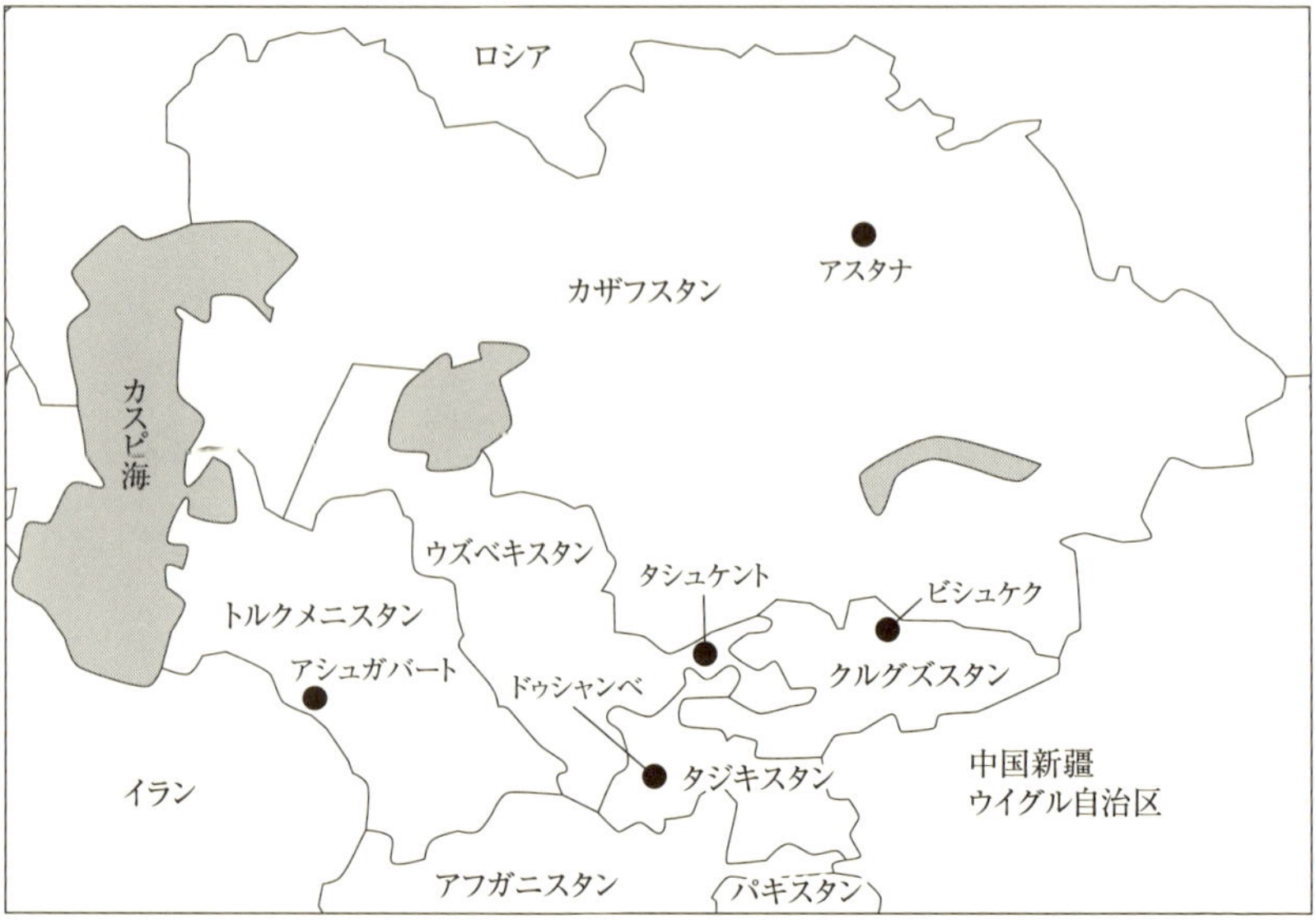

る領域は変化する。つまり地域は人為的に「つくられる」という性質をもつ。したがって中央アジアという地域を論じる際には、その定義を行う必要がある。本章で扱う中央アジアは「カザフスタン、ウズベキスタン、クルグズスタン、トルクメニスタン、タジキスタン」を指すものとする。加えて、これら中央アジア五カ国を論じるうえで欠かすことのできない中国の新疆ウイグル自治区も論述の対象とする。

本章の目的は、この中央アジアと中国および日本の関係を考察することにある。具体的には以下の手順を踏む。まず中央アジア諸国とこれに隣接する中国の新疆ウイグル自治区の基礎データを提示し、概説する（第二節）。続いて中央アジア諸国の政治経済状況を述べ（第三節）、そのうえで中央アジアをめぐる国際関係を論じる（第四節）。最後に本章のまとめを述べる（第五節）。以上を通じて中央アジアを論じる意義は次の点にある。第一は中央アジアそのものがもつ重要性である。東アジア、南アジア、西アジア、東欧の中央に位置する中央アジアは、これらの地域をまたいだ政治、経済、安全保障、環境などの諸問題を理解し分析するための要の地域といえる。本章の趣旨に照らせば、中央アジアは隣接する中国が抱える課題や国際戦略を考察するうえで不可欠な地域である。第二は、第一の意義と通じるが、日本と中国を照らす鏡としての中央アジアの役割にある。これまで日本にとって中央アジアは、必ずしも存在感のある地域とはいえなかった。しかしそのような地域だからこそみえるものがあろう。日本あるいは中国を正面から分析しても不透明なものが、中央アジアから光を照射することで明瞭となることがあるはずである。

2　中央アジア概況

中央アジアは北部には広大なカザフ草原、南部には豊かな水をたたえるアム川やシル川およびオアシス地域、パミール高原をはじめとする山岳地帯、カラクム砂漠などの砂漠地帯が広がる。気候帯は場所によって乾燥帯、亜寒帯に属する。

中央アジア諸国および中国新疆ウイグル自治区の基礎的な情報は表11－1のとおりであり、首都（新疆の場合は区都）、面積、人口、民族構成、言語、宗教、政体、元首、国内総生産（ＧＤＰ）、産業に関するデータをまとめてある。一見してカザフスタンとその他の中央アジア四カ国との面積の差が歴然である。一方で、新疆ウイグル自治区は中国の一行政地区であるにもかかわらず、カザフスタンに次ぐ面積を有している。カザフスタンの六分の一の面積にかかわらず、最大の人口を有するのはウズベキスタンである。ウズベキスタンの東部に位置するフェルガナ盆地は人口密度が高く、歴史的に政治、経済、文化の各面で中央アジアの中心地となってきた。民族構成に目を移せば、それぞれの国名（新疆の場合は自治区名）の由来となる民族が最大民族である。ただし、例えばウズベク人はウズベキスタンのみに居住しているわけでなく、中央アジアの他の国にも分散して存在しており、これは他の民族についても同様である。カザフ、ウズベク、クルグズ、トルクメン、ウイグルの各民族はテュルク系、タジクはイラン系の民族である。各国で用いる主要言語は各民族の言語に加えて、帝政ロシア時代からソビエト時代まで共通語とされたロシア語が現在も広く用いられている（新疆では中国語とウイグル語が主要言語となる）。また彼らが信仰する宗教はスンニ派のイスラームが主流である。

政治面に関していえば、各国の政体は共和制（中国は人民民主共和制）で、各国の国家元首のうち、カザフスタンのヌルスルタン・ナザルバエフ大統領は唯一、一九九一年の独立以来一貫して大統領の任にある。経済面に目を向けると、ＧＤＰおよび一人当たりのＧＤＰの値が最も高いのはカザフスタンである。主要産業と併せて考えると、石油、天然ガスなどの地下資源を有する国・地域は経済的に豊かである。

中央アジアの歴史は、北部の草原地帯に生きる騎馬遊牧民と南部のオアシス地域に生きる農耕定住民との相互関係に彩られてきた。草原地帯では紀元前からテュルク系、イラン系、モンゴル系の遊牧民族・遊牧国家が登場し、高度な遊牧文化を築いた。オアシス地域では農耕に裏打ちされた豊かな都市文化が発達した。やがて東西南北を商人が行き交うようになり、騎馬遊牧民と農耕定住民とのあい

表11－1　中央アジア各国，新疆ウイグル自治区基礎データ

国名・地域名	カザフスタン	ウズベキスタン	クルグズスタン	トルクメニスタン	タジキスタン	中国・新疆ウイグル自治区
首都・区都	アスタナ	タシュケント	ビシュケク	アシュガバート	ドゥシャンベ	ウルムチ
面積（万㎢）	272.5	44.7	19.9	48.8	14.3	166.5
人口（2015年現在，タジキスタンと中国のみ2014年）	1,760万人	2,940万人	590万人	540万人	840万人	2,298万人
主要民族構成（総人口に占める割合）	カザフ（65.5%） ロシア（21.4%） ウズベク（3.0%）	ウズベク（78.4%） ロシア（4.6%） タジク（4.8%）	クルグズ（72.6%） ウズベク（14.5%） ロシア（6.4%）	トルクメン（76.7%） ウズベク（9.2%） ロシア（6.7%）	タジク（84.3%） ウズベク（12.2%） キルギス（0.8%）	ウイグル（49.0%） 漢（37.3%） カザフ（6.9%）
主要言語	カザフ語，ロシア語	ウズベク語，ロシア語	クルグズ語，ロシア語	トルクメン語，ロシア語	タジク語，ロシア語	ウイグル語，中国語
主要宗教	イスラーム	イスラーム	イスラーム	イスラーム	イスラーム	イスラーム
政体	共和制	共和制	共和制	共和制	共和制	人民民主共和制
国家元首	ヌルスルタン・ナザルバエフ大統領	イスラム・カリモフ大統領（死去）→シャフカト・ミルジヨエフ大統領	アルマズベク・アタムバエフ大統領	グルバングル・ベルディムハメドフ大統領	エマムアリ・ラフモン大統領	習近平 国家主席
GDP（億ドル） 1人当たりGDP（ドル）	2,160億 1万2,505	660億 2,129	71億 1,197	443億 7,534	92億 1,113	1,515億 6,643※
主要産業	鉱業（石油・天然ガス），農業，冶金・金属加工	農業（綿花），綿繊維産業，食品加工，鉱業（石油・天然ガス）	農業，牧畜業，食品加工，鉱業（金）	鉱業（石油・天然ガス），農業（綿花），牧畜業	農業（綿花），牧畜業，繊維産業	鉱業（石油・天然ガス），農業

（注）※印については，『新疆統計年鑑2015』によれば，2014年時点のGDPは9,273億元，1人当たりGDPは4万648元である。これを中国銀行公表の為替レート（2014年12月31日時点）にしたがってドル換算したものが表の値である。

（出所）中央アジア各国は日本国外務省ウェブサイト（http://www.mofa.go.jp/mofaj/area/index.html，2016年10月1日最終閲覧）のデータ，新疆ウイグル自治区は統計年鑑（新疆維吾爾自治区統計局編（2015）『新疆統計年鑑2015』中国統計出版社）のデータに基づいて筆者作成。人口，民族構成の割合，GDPに関する数値は，この2つの出典が示す限りの最新の数値となる。

だで経済活動を通じた密接な関係が結ばれるようになった。その後、中央アジアは二つの大きな変動を経験する。一つめの変動は「テュルク化」である。六世紀以降、従来イラン系民族が多かったオアシス諸都市においてテュルク系民族が支配的となり、一五世紀に至るまで徐々にこの動きが進行した。中央アジアは別名「トルキスタン」と呼ばれるが、これは「テュルク人の住む地」という意味である。

二つめの変動は「イスラーム化」である。もともとこの地域には仏教、ゾロアスター教などさまざまな宗教が共存していたが、八世紀から一七世紀に至る過程で、オアシス住民から遊牧民のあいだへ徐々にイスラームが浸透した。この二つの変動を経て一八世紀に入ると、中央アジアにロシア帝国が勢力を伸張し、二〇世紀初頭までこの地を支配下に置いた。一九一七年のロシア革命後は、中央アジアはソ連の傘下に入り、一九二四年に実施された民族と共和国の境界画定のプロセスを経て社会主義建設が進められ、現在の中央アジア五カ国の原型が整えられた。その後七〇年近くに及ぶソ連時代を経て、一九九一年にモスクワでソ連邦解体の機運が高まると、五つの共和国は次々に独立し、現在に至っている。

最後に新疆ウイグル自治区と中央アジアの関係に触れたい。中央アジアとの位置関係から新疆は「東トルキスタン」とも称される。この地域は一八世紀の中葉に清朝の版図に入り、この時はじめて「新しい領土」を意味する「新疆」と命名された。新疆はその後中華民国が引き継ぎ、現在は中華人民共和国の一つの民族区域自治区となっている。テュルク系ムスリムであるウイグル族は民族的にも文化的にも中央アジアの諸民族に近く、みずからのアイデンティティを中央アジアに求める人が少なくない。また一九三〇年代と一九四〇年代に二度にわたって中国からの独立を企図した「東トルキスタン共和国」を設立した。この歴史的経験に加えて、政治的、経済的、文化的な理由に端を発する不満から、中国政府あるいは漢族とのあいだにしばしば軋轢や衝突が生じている。

3　中央アジアの政治経済

本節ではとくに中央アジア各国の政治経済面に着目する。具体的には各国の政治体制、イスラームの政治化、市場経済化、エネルギー資源の問題について述べ、次節での議論の前提となる情報を提示する。

まず、現代の中央アジア各国の政治体制を述べる。ソ連解体によって独立した五カ国は、当初は民主主義的性格を帯びた国もあったが、次第に大統領への権力集中が進んだ。全体的に「権威主義体制」の特質を有し、いずれも強権によって経済の発展と政治の安定を目指している。政治学の概念でいうところの権威主義体制は、政治参加の保障や複数の政党、利益集団が政治に影響を及ぼす政治的多元性が限定的である、などの特色をもつ。ただしサパルムラト・ニヤゾフ大統領（一九九〇年から二〇〇六年まで在位）のトルクメニスタンは、通常の権威主義体制とは異なり、大統領への個人崇拝が強い「スルタニズム」という概念で特徴づけられる（岩崎・宇山・小松、二〇〇四、五三～七九ページ）。

カザフスタンは独立後、「半民主主義的権威主義」の性質を有していたが、ナザルバエフ大統領への権力集中が進み、大統領が国家を私物化する「家産性」の要素が強まっている。ウズベキスタンはイスラム・カリモフ大統領の強権的政治手法が特徴で、反「イスラーム原理主義」を標榜し、二〇〇一年の九・一一事件以降は「対テロ戦争」の拠点を形成した。クルグズスタンでは多くの政変が生じた。独立当初は「民主主義の島」と目されたが、次第にアスカル・アカエフ大統領への権力集中が進み、議会選挙をめぐる対立から生じた二〇〇五年の「チューリップ革命」で大統領は国外逃亡を余儀なくされた。クルマンベク・バキエフ大領領がそのあとを継いだが、野党による大統領退任要求に端を発する二〇一〇年の騒乱で国を追われ、現在はアルマズベク・アタムバエフ大統領が任に就いている。トルクメニスタンでは二〇〇六年のニヤゾフ大統領の死去後、後任のグルバングル・ベルディムハメドフ大統領によって改革が進められたものの、独裁体制は維持されている。タジキスタンは独立後の一九九二年から一九九七年にかけて、当時の大統領派（共産党）と反対派（イスラーム派、民主派連合）が対立する内戦を経験した。一九九四年に共産党系のエマムアリ・ラフモンが大統領に就任し、その後は内戦終結から現在に至るまで大統領への権力集中が進んでいる（宇山編、二〇一〇、二〇二〜二〇五ページ）。直近の動きとしては、独立以来ウズベキスタンを強権で支配してきたカリモフ大統領が、二〇一六年九月に死去した。大統領代行をシャフカト・ミルジヨエフ首相が担ったが、同年一二月に行われた大統領選挙により大統領に就任した。

中央アジア諸国にとって大きな懸念は、イスラームの政治化である。ソ連時代は反イスラーム的政策が採られ、社会の脱イスラーム化、政教分離が推し進められた。しかし、ソ連期末期の改革運動ペレストロイカによって、宗教を含む民族文化の見直しが図られたこと、さらにソ連解体に伴って宗教への統制が消失したことによりイスラーム復興現象が生じ、人々に再びムスリムとしての意識が芽生え始めた。この動きは人々の生活に根差した活動にとどまらず、政治化する動きとしてもあらわれた。

一部は極度に過激化、暴力化して政権と対立し、国際的なネットワークを形成するに至った。顕著な例は、ウズベキスタンのカリモフ政権打倒とイスラーム国家建設を目指して一九九八年に結成された「ウズベキスタン・イスラーム運動（ＩＭＵ）」で、アフガニスタンやパキスタンを拠点に中央アジアの諸地域でテロ活動を繰り広げている。また新疆では、一九八〇年代にウイグル族によるイスラーム国家建設を目指す「東トルキスタン・イスラーム運動（ＥＴＩＭ）」が設立された。中国政府は、過去にウイグル族をめぐって生じたさまざまな衝突事件・テロ事件の黒幕にこの組織がいると認定している。近年ＥＴＩＭはパキスタンに拠点をもち、ＩＭＵをはじめとするさまざまな国際組織との連携を強めている。

次に経済面に移ろう。発展水準や経済構造から中位の開発途上国とみなされる中央アジア諸国は、他の多数の開発途上国と異なり、ソ連期には市場経済的な要素を徹底的に排除した中央集権的計画経済システムを有していた。一九九一年一二月のソ連崩壊後に、中央アジア諸国は資本主義経済への体制転換を目指す経済改革に着手したが、貧困の克服や産業構造の近代化という開発途上国共通の課題だけではなく、計画経済から市場経済への移行という試練にも直面したのである（岩崎・宇山・小松、二〇〇四、一七七〜一九九ページ）。具体的には各国は、私的企業活動の法制化、経済自由化、国有企業の私有化、国家経済管理システムの再編という四つの政策分野において経済改革を進めていった。

中央アジアの経済状況を語るうえで重要なキーワードは「石油、天然ガス資源」である。ただしすべての国がこれら資源の恩恵を享受しているわけではなく、カスピ海周辺に位置する「持てる」カザフスタン、ウズベキスタン、トルクメニスタンと、「持たざる」クルグズスタン、タジキスタンとのあいだに、エネルギー資源の偏在、格差が存在する。とくにカザフスタンは資源大国であり、石油、天然ガスのみならず、ウラン、レアメタル、クロムなども世界屈指の埋蔵量を誇る。同じく天然ガスの埋蔵量が豊富なトルクメニスタンとともに、国際市場へ積極的な輸出を行っている。一方で、クルグズスタンとタジキスタンはエネルギー資源に恵まれていないが、水資源が豊富という側面をもつ。

4 中央アジアをめぐる国際関係

ここでは中央アジアと中国および日本の関係を扱う。中央アジアの国際関係を論じるうえで欠かせないのが地域協力機構であり、現在、中央アジアにはロシアや中国が中心的役割を果たすさまざまな多国間の枠組みが存在する。旧ソ連構成共和国のうちバルト三国を除く一二カ国が参加する「独立国家共同体（CIS）」、ロシア、カザフスタン、クルグズスタン、タジキスタンら六カ国が軍事分野で協力する「集団安全保障条約機構（CSTO）」、ロシア、カザフスタン、クルグズスタンら五カ国からなる「ユーラシア経済連合（EEU）」、中国、ロシア、カザフスタン、クルグズスタン、タジキスタン、ウズベキスタンらを加盟国とする「上海協力機構（SCO）」などである。総じてカザフスタン、クルグズスタン、タジキスタンはこれら機構に積極的に参画する一方で、ウズベキスタンとトルクメニスタンは一歩距離を置く姿勢をみせている。

ソ連の崩壊と二〇〇一年の米軍のアフガニスタン侵攻により、中央アジアは新たな「グレート・ゲーム」の時代を迎えた。一般的にグレート・ゲームとは、一九世紀から二〇世紀初頭に中央アジアとアフガニスタンで行われた英国とロシアの覇権争いを指す。もちろん大国の思惑に中央アジアが従属していた当時の構図を、現代に安易に持ち込むことには注意が必要だが、ロシア、中国、米国といった多くのアクターが政治的経済的利益の追求を目指して当地域に参画していることは事実である。米国は二〇一一年から中央アジアと南アジアにおいて、天然ガスパイプラインおよび水力発電プロジェクトを軸とした「新シルクロード構想（New Silk Road Initiative）」を打ち出し、ロシアは上述のＥＥＵやＣＳＴＯといった枠組みを核として、地域の政治経済的連携を強化する「ユーラシア連合（ＥＡＵ）」戦略を提唱している。一方で中国は「シルクロード経済ベルト（ＳＲＥＢ）」構想（「一帯一路（ＯＢＯＲ）」構想の「一帯」の部分を指す）を掲げ、「上海協力機構（ＳＣＯ）」の枠組みのなかで、経済面およびとくに安全保障面での協力強化を打ち出した。

では、中央アジアと中国との関係を具体的にみていこう。第三節で紹介した中央アジア地域に蔓延するテロ問題に対処するために、中国はＳＣＯの「地域対テロ機構（ＲＡＴＳ）」（本部はウズベキスタンのタシュケント）を、中央アジアにおける中国の安全保障戦略の土台に据えた。ＳＣＯ加盟国は二〇〇一年と二〇〇九年に、テロに対抗するための二つの包括的条約に署名し、①テロ拠点の破壊とテロリスト拘留のための情報共有、②テロに関する情報管理、③国連安全保障理事会をはじめとする国際組織との協力、④反テロ合同軍事演習の実施、⑤犯罪人引き渡しのための法的活動を行っている。中国は、アフガニスタンの治安維持を目的として二〇〇一年に設立された国際治安支援部隊（ＩＳＡＦ）が、二〇一四年に撤退したことでアフガニスタンに政治的混乱が生じ、周辺国にテロ活動とイスラーム過激主義が浸透することを懸念している。現時点でアフガニスタンはＳＣＯの正規加盟国でないものの、二〇一二年にオブザーバーの地位が認められた。他にもインドとパキスタンが二〇一七年の加盟を予定しており、今後ＳＣＯは地域安全保障の有益な交渉の場になりうる。

中央アジアとの経済協力について、中国は自由貿易地域（ＦＴＡ）の形成を目指してきたが、二〇〇八年に生じた金融危機の影響などからこの計画は大幅に遅れている。目下のところ二〇二〇年頃をめどに、中央アジア諸国との商品、資本、サービス、技術の自由移動の確立を目指しているが、ＳＣＯ内の経済協力の進展は思わしくない。このような状況下で習近平中国国家主席は、二〇一三年にカザフスタンを訪問した際に「シルクロード経済ベルト（ＳＲＥＢ）」構想を打ち出し、ＳＣＯ加盟国とオブザーバー諸国との政策、道路、貿易、通貨、民心を通じあわせる「五通」を表明した。この枠組みのなかで中国は、とくにカザフスタンとウズベキスタンとの経済、金融協力の拡大に関心を示している。二〇一四年にカザフスタンが提唱した新経済政策「光明の道（Nurly Zhol）」は、中国と戦略上の共通点が多い。またウズベキスタンは、ロシアが提唱する「ユーラシア連合（ＥＡＵ）」から距離を置いており、中国はこれを両国の関係強化の好機ととらえている。

このように中国が中央アジア諸国との経済協力を促進する理由は、主として新疆にある。二〇一四年の新疆の対外貿易総額に占める中央アジア諸国の割合は六二パーセントにも達し（新疆維吾爾自治区統計局編、二〇一五、一九五ページ）、新疆を経済的に富ませることで住民の不満やテロの火種を抑え込もうとする意図が中国政府にある。新疆の安定と発展のためには、中央アジアとの経済連携が不可欠なのである。

次に、日本は中央アジアでどのような存在感をもっているのであろうか。ソ連崩壊後、日本は政府開発援助（ＯＤＡ）を通じて、中央アジア諸国に経済社会インフラ整備、環境保全、市場経済化促進、地域間格差是正などを目的とした支援を行ってきた。日本は、中央アジア各国への主要援助国・機関ランキングでトップ5に入り続けるなど、多年にわたりトップ・ドナーであり続けている。このような事情を反映してか、日本外務省が二〇一五年から二〇一六年にかけて行った「中央アジア地域における対日世論調査（調査対象はカザフスタン、ウズベキスタン、クルグズスタン、タジキスタンの四カ国に居住する一八歳以上の一二〇〇人）」では、九割近くの人々が日本に対し友好的イメージをもつとの結果であった。加えてＧ20諸国のうち信頼できる国ランキングでは、日本はロシア（全体の六一パーセントが回答）に次いで二位（一一パーセント）に位置している（三位は中国で五パーセント）。また、中央アジアにとって重要なパートナーはどこかとの質問（複数回答可）には、ロシア（七五パーセント）、中国（四九パーセント）の次に、日本（二五パーセント）がランクインしている（日本国外務省ウェブサイト http://www.mofa.go.jp/mofaj/press/release/press4_003216.html、二〇一六年一〇月一日最終閲覧）。

日本の中央アジア外交を考えると、各国が独立を果たした当初は少数の関係者の努力に依存し、また国ごとに進展の差もあり、総合的で確固たる外交方針と組織的なバック・アップが不十分であった。この状況に変化をもたらしたのは、一九九七年に当時の橋本龍太郎首相が行った演説に端を発する「シルクロード外交」の展開である（宇山編、二〇一〇、三〇六～三一〇ページ）。これは中央アジアおよび隣接するコーカサス地域の地政学的重要性、経済的重要性、日本との歴史的文化的紐帯に鑑みて、政治対話、経済・資源開発協力、平和協力の積極的な推進を目指すものであった。二〇〇〇年代に入ると、とくに「対テロ戦争」への援助、およびエネルギー協力の強化が目指された。

近年の動きとしては、二〇〇四年に「中央アジア＋日本」対話の枠組みが開始された。これは中央アジア地域の安定と発展を目指して日本が地域協力の「触媒」の役割を果たすことを企図しており、五カ国の利害の多様性に対し、五カ国自身のイニシアティブと相互協力による多国間対話で対処しようとするものである。これまで定期的に外相会合、高級実務者会合などのさまざまな対話を開催し、二〇一五年には安倍晋三首相が五カ国すべてを歴訪した。日本外交にとっての意義は、米国などの大国に左右されずに日本独自の力でこの枠組みを築き上げたことにある（宇山・レン・廣瀬、二〇〇九、八五～八九ページ）。

5　中央アジアの多面的理解に向けて

一九世紀のグレート・ゲームの時代において、中央アジアは大国の覇権争いに翻弄される客体であった。しかし現在の中央アジア諸国は、主体として、大国の思惑のなかで積極的な外交を展開している。経済的な存在感を高める中国、軍事的プレゼンスを強めるロシア、そして時に米国といった大国のあいだで、中央アジア諸国はバランスをとりながら生き残る道を模索している。当然彼らにとっては、日本との交わりも一つの選択肢である。

本章が示唆するとおり、中央アジアにはさまざまな問題関心と学問分野からのアプローチを受け入れる懐の深さがある。そこに中央アジアと関わる面白さと魅力がある。ではこの地域に対して日本はどのように向き合うべきか。内閣府が二〇一六年に行った「外交に関する世論調査（調査対象は、日本国籍を有する二〇歳以上の三〇〇〇人)」で、中央アジア、コーカサス諸国に対する親近感を問うたところ、「親しみを感じる」とする者の割合が一八・七パーセントであった。これに対して「親しみを感じない」とした者の割合は六七・四パーセントであった。二〇〇四年に行われた同様の調査に比べて「親しみを感じる」者が微増(一二・〇パーセント→一八・七パーセント)したが、中央アジアに対する日本国民の関心の低さが浮きぼりとなった(日本国内閣府ウェブサイト http://survey.gov-online.go.jp/index-gai.html、二〇一六年一〇月一日最終閲覧)。本章冒頭で述べたように中央アジアにはさまざまな顔がある。歴史的なシルクロードや仏教のイメージ、あるいは国家間の利害関係と競争の視点だけに固執してしまうと、地域全体を「見る目」が曇ってしまう。中央アジアそのものを多面的に理解しようとする姿勢が重要である。

ソ連崩壊後、政治的経済的な構造変動を経験してきた中央アジアの将来を予測することは難しい。近年クルグズスタンで生じた二度の政変が示すように、強権的な独裁体制をとる中央アジア諸国の政情は、安定と不安定が常に隣り合わせである。あくまで印象論にすぎないが、当地域が政治的にある程度予測可能な安定性を得るには、さらなる変動を経験する必要があるのかもしれない。

付記

本稿の一部は、以下の国際会議、学会での報告内容に基づく。

(1) “The Structure and Content of China's Counterterrorism Policy: The Case of Uyghur Islamist Terrorism” (Kolodziejczyk-Tanaka Aleksandra Maria氏との共同報告)、International Conference on

"Xinjiang in the context of Central Eurasian transformations"（二〇一五年一二月一九日、東京大学）。

（２）「中央アジアにおける経済開発―安全保障のネクサス：新疆のテロ問題を事例として―」、アジア政経学会二〇一六年度秋季大会（二〇一六年一一月一九日、北九州国際会議場）。

また、本稿はＪＳＰＳ科研費１５Ｈ０５１６２の助成を受けた研究成果の一部である。

【参考文献】

岩崎一郎・宇山智彦・小松久男編（二〇〇四）『現代中央アジア論―変貌する政治・経済の深層―』日本評論社。

宇山智彦編（二〇一〇）『中央アジアを知るための六〇章（第二版）』明石書店。

宇山智彦・クリストファー・レン・廣瀬徹也編（二〇〇九）『日本の中央アジア外交―試される地域戦略―』北海道大学出版会。

国際問題研究所（二〇一五）『国際問題二〇一五年一二月』六四七号（焦点：「変動する国際関係のなかの中央アジア」）。

小松久男・梅村坦・宇山智彦・帯谷知可・堀川徹編（二〇〇五）『中央ユーラシアを知る事典』平凡社。

中国ムスリム研究会編（二〇一二）『中国のムスリムを知るための六〇章』明石書店。

湯浅剛（二〇一五）『現代中央アジアの国際政治―ロシア・米欧・中国の介入と新独立国の自立―』明石書店。

新疆維吾爾自治区統計局編（二〇一五）『新疆統計年鑑二〇一五』中国統計出版社。

Central Asia-Caucasus Institute & Silk Road Studies Program, 二〇一六年一〇月一日最終閲覧。

http://www.silkroadstudies.org/

日本国外務省ウェブサイト、二〇一六年一〇月一日最終閲覧。
http://www.mofa.go.jp/mofaj/
日本国内閣府ウェブサイト、二〇一六年一〇月一日最終閲覧。
http://www.cao.go.jp/

（田中　周）

第12章　新興国とは何か、日本はそれとどう向き合うか

一九七〇年代に、急速に工業化を進展させた発展途上国は、ＯＥＣＤ（経済協力開発機構）によって新興工業国（ＮＩＣｓ：Newly Industrializing Countries）あるいは新興工業経済圏（ＮＩＥｓ：Newly Industrializing Economies）と命名された。"Emerging Economies" というかたちで新興国が注目されてきたのは二〇〇〇年代に入ってからである。

新興国のうちここ数十年経済的に先行した国は〝ＢＲＩＣｓ〟と呼ばれている。二〇〇一年、米投資銀行の筆頭格であるゴールドマン・サックスがそのレポートで、人口が多くて経済的にも有望な四つの国、すなわちブラジル、ロシア、インド、中国を取り上げ、その頭文字をとってＢＲＩＣｓと命名したことによる。そしてこの四カ国が今後数十年にわたって世界経済を牽引すると予測した。

二〇〇八年九月一五日のリーマン・ショックを契機に世界金融危機が起こり、世界が同時不況に陥った。ＢＲＩＣｓの成長物語も終わったかと思われたが、実はむしろこれ以降にＢＲＩＣｓはたくましさをみせ、二〇〇八年以降の四、五年間はＢＲＩＣｓの全盛期であった。ＢＲＩＣｓ相互の貿易が随分進展して、例えば中国とインドが成長すると、そこに資源を供給するブラジルやロシアが経済成長していくという関係にあった。

1　中国の台頭と「爆食」

ＢＲＩＣｓの一番手は中国である。

中国のここ二〇～三〇年の驚異的な経済成長は、まさしく「パンドラの箱」が開いたような感がある。経済成長を最優先の国家目標とし、その達成のためにはなりふり構わない、豊かさを手に入れるためには手段を選ばないといった行動様式が目立った。中国の国家エゴや国民の欲望が中国からあふれ出し、世界の隅々まで及んでいった。無理もない。一九世紀の後半から一〇〇年にわたって半植民地状況にあり、第二次大戦後の建国後も社会主義体制のなかで三〇年間も停滞と混乱に陥り、強さや豊かさへの渇望感は想像を絶するものがある。「力のあるものが、力をふるって何が悪い」とでもいわんばかりである。

一九七七年、中国のリーダーとして復活した鄧小平が、翌年日本を訪れ新幹線に乗ったりして各所を視察した。その直後ぐらいから中国では「改革開放」路線がとられる。大胆に外国の企業を受け入れ、農村から沿海都市に出稼ぎにくる安い労働力を使って輸出志向型の経済成長戦略をとった。成長するにしたがって中国の貿易も大きく変わった。かつて日本の中国からの輸入は食品や衣料品が中心だったが、今や機械や家電、最近ではパソコンや携帯電話も入ってくるようになった。貿易や資本形成が大々的に展開されたが、その主な担い手は外資系企業であった。中国は一九八〇年代以降、グローバリゼーションの恩恵を最も受けた国であったといえる。

「社会主義」と「市場経済」は並び立たないものだとされてきた。だが一九九二年に「社会主義市場経済」なる言葉を作り上げ、中国共産党は「社会主義」と「市場経済」を両立させていくとした。「市場経済」のタブーが打ち破られた瞬間である。

中国国民の所有や消費に関する意識と行動も随分変わった。成長にともなって所得が向上すると、耐久消費財のカラーテレビや冷蔵庫、エアコンが普及していった。携帯電話もまもなく普及し、二〇〇九年には中国人の二人に一人がもつようになった。

これらとともに国民の意識を大きく変えたのが住宅改革であった。国民が国有企業や人民公社で働いて生活していた時代には、住宅はその福利厚生の一部であった。ところが国有企業改革の流れのなかで、一九九〇年代末ぐらいから個人の意志で住宅を取得するという政策に転じた。住宅そのものが所有の対象になるのではなく、居住権が自分のものになるだけだが、自分の意志で住宅を取得するということで、住宅がある意味で自分の「財産」になったのである。国民の所有意識はそれまでの閉塞感から大きく解き放たれていったのである。これに携帯やインターネットの普及が重なって個人の消費空間が大きく拡大していった。

中国は二〇〇一年にWTO（世界貿易機関）に加盟し、自動車の関税が引き下げられた。たちまち自動車が値下げされ、「マイカーブーム」に一挙に火がついた。中国人の意識もライフスタイルもさらに大きく変わっていった。またそれに合わせてインフラや工業団地、住宅などの開発投資が展開されていく。

住宅は労働者がもともと住んでいた住宅が、いろいろな条件を加味して労働者に払い下げられていった。住宅価格が上がってくると、転売でものすごく利益をあげる者も出てきた。資産格差が広がって、二〇〇〇年代に入ると貧富の格差は絶望的な状況となった。豊かな国民の欲望は限りなく膨れ上がっていった。

中国が「世界の工場」となるなか、消費財産業とともに素材産業が活況を呈していった。代表的なのは鉄鋼である。鉄鋼生産が急激に発達して、日本の鉄鋼生産を抜いていく。中国はあらゆる原材料の輸入を急増させ、世界の鉄鋼の価格、その原料となる鉄鉱石の価格、その他あらゆる原材料が軒並み高騰する時代になっていった。エネルギー需要も増大した。二〇〇二年の段階で、中国は日本を抜いて世界第二位の石油消費国となった。資源「爆食」の経済体質になり、世界の一次産品や素材は中国が価格決定権をもつに至った。

食料・食糧も「爆食」状態となった。穀物しかり、牛や羊の肉しかり。家畜飼料の輸入も拡大した。大豆輸入の増えかたはすさまじい。ブラジルのアマゾンでは、熱帯雨林が伐採され大豆畑が広がっていった。アマゾンの大豆の買い付けは、日本の商社も活発に行ってきたが、中国の買い付け業者が急に現れて、日本と大豆の争奪戦をやっている状態である。食生活が豊かになり食用油の需要が高まった。食用油を搾った後の搾りカスは飼料となる。

魚もよく食べるようになった。中国人はコイなどの淡水魚をよく食べていたが、最近はマグロやサバなどもたくさん食べるようになっている。日本では、中国の違法な手段による乱獲が問題となっている。

2 資源国ブラジル

このような中国の「爆食」経済に対して、実にタイミングよく対応した国々の代表格がブラジルである。

ブラジルの成長は急速で、GDP（国内総生産）でみると二〇一〇年にイタリアを、二〇一一年にイギリスを抜き、世界六位の経済大国になっていった。ブラジルの国民一人当たりのGDPは一万三〇〇〇ドル弱になった。先進国と比べるとまだまだ低いが、中国と比べるとかなり大きく、国内消費に支えられて経済成長を行ってきたといえる。貿易のウエイトはそれほど大きくはないが、大豆や鉄鉱石などの一次産品輸出が盛んで、その相当部分が中国に輸出されていった。内需と輸出が、成長の二つのエンジンであった。

ブラジルの国土は日本の二三倍で、この広い国土を有機的にまとめていくという課題をもっている。貧富の格差が世界一ともいえるほどで、格差による亀裂のある国民を一体化させ統合するという課題ももっている。二〇一四年のワールドカップ、二〇一六年はリオデジャネイロ・オリンピックが開催されたが、「そんなことをしている場合か」と怒る国民も多数いた。二〇二二年には独立二〇〇周年を迎える。イベントが続くなかで、政府の貧困対策とも相まって、ブラジルの空間的統合や社会的統合がどこまで達せられるのか、目が離せない。

ブラジルはかつて軍事政権の国であった。一九六四年三月から四月にかけて軍事クーデターが発生し、一九八五年三月一五日まで二一年間にわたって軍事政権が続いた。

軍政下での国民に対する弾圧と人権侵害は非常に深刻なものがあった。だが軍政によって治安がよくなったと経済界が評価をして、外国企業がブラジルにたくさん進出したのも事実である。一九七〇年から七三年にかけて高度成長が達成され「ブラジルの奇跡」といわれた。軍政時代には海洋油田開発、サトウキビを原料にしたバイオエタノール燃料、セラード農業開発（後述）、カラジャス鉄鉱山開発など画期的な成果を挙げることができたのも事実である。この時代、ブラジルの民族系企業、外資系企業、政府系企業が三つの「脚」となって経済を支え、展開してきたのであった。だが、やがて軍部が退出するときがやってくる。

インフレ問題はブラジルに宿痾のようにつきまとった。ついに石油ショック以降、これをコントロールすることに失敗して、インフレ率が四ケタ、朝起きて通勤しているあいだに物価ががらりと変わってしまう、このような世界に入ってしまったのである。資産家は目減りしてしまう前に国外に自分の資産を持ち出して、秘密口座などに隠すというような行動をとったりしていった。

一九八〇年代には対外債務危機に直面し、経済は破産状態となる。それ以降ブラジルだけではなく、ラテンアメリカ全体が、対外債務危機によって「失われた一〇年」に陥る。中産階級が没落したり、貧富の格差が著しいものになったり、惨たんたる時代となった。

一九八四年ごろから軍政に対する抗議活動が盛んになって、八五年三月に民政に移管した。それ以降、三人の大統領が続き、またその後、また三人の左翼系の大統領が続くが、後の三人がスター的な大統領である。フェルナンド・エンリケ・カルドーゾ、ルイス・イナシオ・ルーラ・ダ・シルヴァ、ジルマ・ルセフという三人の大統領である。

カルドーゾ大統領は世界的に有名な「従属理論」の研究者である。ルーラ大統領はかつて労働組合の指導者で、根っからのたたきあげである。ルセフ大統領は高校生時代から反軍政の活動家で、学生時代には逮捕され、投獄されて拷問まで受けている筋金入りの反骨の大統領である。

民政移管した後のブラジルが、また経済成長を達成していくことになる。ガチガチの保護体制で閉鎖的なブラジル市場に、市場開放という風穴が開けられた。国営企業の民営化も断行された。だが、何よりも大きかったのは、とんでもないインフレを克服できたことである。「レアル計画」という。レアルというのはブラジルが新しく採用した通貨の名前である。これの陣頭指揮をとったのが財務大臣であったカルドーゾで、この成果をもとに彼は後に大統領となる。

貧困対策でも非常に大きな成果が挙げられた。ルーラの政権のときである。「ボルサ・ファミリア」という貧困家庭への手当である。ほかにも、最低賃金を引き上げたり、公務員の給与を引き上げたりということで、国民の相当部分が貧困層から抜け出して中間層が増えたのである。リオデジャネイロの山の斜面の貧民街、ファベーラでは、その日暮らしのような生活をしていた人々が大半だった。しかしルーラ政権の貧困対策が功を奏して、ファベーラに生活している人が消費を伸ばし、クレジットカードをもつ人も出てきた。貧困層向けの住宅建設計画も断行され国民生活が豊かになった。

このようなブラジルには、注目すべき非常に先進的な技術がある。

まずは、フレックス車。サトウキビから取り出したバイオエタノール燃料とガソリンを混合する際、比率を自由に変えられるフレックス車を開発したのである。値段の上がり下がりに応じて比率を変えることができる。決められた比率で使う自動車は簡単にできるようだが、フレックス車は非常に高度な技術といえる。

それから、エンブラエル社の飛行機。実はブラジルは世界第三位の航空機メーカーの国でもある。ボーイング社（米国）、エアバス社（欧州）の次である。日本の空も飛んでいる。それから、ペトロブラスという国営石油会社の深海探査・掘削の技術が非常に優れていて、三〇〇〇メートルから四〇〇〇メートルの深さの海を開発できるということである。

日本との関わりで注目すべきは、日本の技術によって開発された農業革命「セラード開発」である。これは一九七〇年代から始まった。熱帯の広大なサバンナ地帯が一大穀倉地帯に変貌したという開発事業である。その穀倉地帯では大豆やトウモロコシ、野菜、果物、畜産物、綿花、コーヒーなどが栽培されている。現在、アフリカの東海岸にあるモザンビーク（公用語はポルトガル語）で、日本とブラジルの共同でブラジルの「セラード開発」のような農地の開発計画が進行中である（ただし批判もある）。太古の昔、南アメリカ大陸とアフリカ大陸は同体だったので地質的によく似ている。無類の親日国ブラジルは日本にとっては、食糧安全保障を担保する国として位置づけられるとともに、アフリカへの架け橋になるという重要な国でもある。

3　プーチンのロシア

ブラジルと並んで資源に依存して成長してきた国がロシアである。

一九九一年一二月に旧ソ連が崩壊してロシアはガタガタになった。国家の状況に絶望した国民がアルコール中毒になったり、飲む酒がないと整髪料のヘアトニックまで飲んで、男性の平均寿命はものすごく短くなり、人口も減っていった。何とかしなければいけないということで、ちょうど新興国の台頭で資源価格が高騰したのを背景に、二一世紀に入って、国家の再建（ロシア帝国の再興?）を図ってきたのがプーチン大統領である。

しかしながらロシア経済の最大の問題点は、資源への過度の依存が克服できないということである。ハイテクな製造業などで経済を多角化しようと考えはするが、なかなかうまくいかない。有人の人工衛星を飛ばすことのできる国にもかかわらず、不思議なことである。石油、天然ガスはロシアの輸出の三分の二を占め、ロシアの国家収入の四割以上を占めるといういびつさである。原油価格の状況によって国債の格付けや株、為替、外貨準備が大きく変動し、石油価格が下がりすぎると国家経済がまったく麻痺してしまうのである（本章執筆の二〇一六年九月時点では資源輸出がもたらした利益をもとに準備した基金を食いつぶしている）。

ロシアは、ヨーロッパへの天然ガスなどの供給を一手に引き受けていたので、強気に出て、二〇一四年二月、ウクライナに介入し、クリミアを奪取した。その後、欧米の経済制裁を受けて経済が減速し、二〇一五年から二年連続のマイナス成長が予想される。近年、欧州経済が低迷し天然ガス輸出が低迷していた。そこにアメリカでシェールガス、シェールオイルという、これまでとは違う地層からガスや石油が採掘されて市場にあふれ、二〇一四年の後半から一年で石油の値段は半値になってしまった（一バレル約一〇〇ドルから約五〇ドルへ）。

追いつめられたロシアは、中国にすり寄り天然ガス売買の協定も結んだ。また、シリア空爆を断行するなど軍事的冒険主義にも走っている。日本にとっては好機かもしれない。ロシアからエネルギー資源を輸入して、過度な中東依存を是正し、しかもより安く輸入できるかもしれない。日本の技術協力をテコに領土交渉ができるかもしれない。

4　ＩＴとインド

冷戦が終わってそれまで軍事技術であったものがいくつか民生用に転換された。その代表的なものがインターネットであり、ＧＰＳもそうである。

インターネットを主たる媒介に、アメリカは世界中からモノやサービス、カネを吸い上げる時代となった。そして、企業が外部にいろんな業務を委託する（外部委託、アウトソーシング）時代にもなった。国内だけではなく、海外にも委託する（off-shore outsourcing）。

“off-shore outsourcing”のコンピュータソフト開発で経済成長してきた国が、インドである。

バンガロールという都市に、インド工科大学などを出た優秀な開発技術者が大勢集まっている。「シリコン高原」呼ばれ、開発したソフトをパラボラアンテナでアメリカに輸出している。ＩＢＭもバンガロールに拠点を設けている。

インドではこのような背景をもとに、中産階級が育ってきている。テレビを買ったり、クーラーを買ったりして豊かな生活をするようになっている。早くから韓国のサムスンなどは現地仕様の家電製品を製造し、遅ればせながら日本企業も進出して現地仕様のクーラーや冷蔵庫をつくっている。ローンを組むことが可能になっており、自動車もそれなりに普及している。インドでは自動車は、大型はタタ、小型はスズキと呼ばれる。タタは財閥の名前で、日本のスズキは早くから進出していて当地の会社名はマルチ・スズキである。インドでは、また、ジェネリック医薬品が一大産業ともなっている。

5　チャイナ・リスクと新興国の減速

さて、二一世紀になってＢＲＩＣｓをはじめ新興国が台頭してきたが、近年、雲行きが怪しくなり経済状況が深刻になってきている。その発端となったのが中国である。「チャイナ・リスク」と呼ばれている。

二〇一二年九月に、日本政府が尖閣諸島を国有化したのをきっかけに勃発した反日暴動は、中国に日本企業が進出することのリスクの大きさをまざまざとみせつけた。だがそれだけではない。

かつて内陸部の農村部から沿海都市に出稼ぎにきた安い労働力を大量に活用して、盛んにものづくりをして「世界の工場」といわれてきた中国だが、人口構成が相当危うい状況となってきている。若い人たちの人口が減ってきており、労働力も急速に減る傾向にある。大方は「一人っ子政策」の影響だが、若者は工場で働くのを嫌がるようになり、賃金も上昇してきた。

低賃金を武器にした輸出志向型の成長戦略も、インフラ投資、不動産投資を軸にした投資主導型の成長も、明らかに限界に達してきている。中国政府としては何とかして経済の構造、社会の構造を変えていかなければいけないと思っている。産業を高度化したいのだがなかなかうまくいかない。これを「中進国のワナ」という。「爆食」型の経済成長は深刻な大気汚染や環境破壊も生み出している。高い成長ばかりを追い求めるのではなく、産業を高度化して、中程度の成長にもっていこうとして構造改革に着手している。これを「新常態（ニュー・ノーマル）」と呼ぶ。

二〇〇八年の金融危機以降、ＢＲＩＣｓ諸国をはじめ新興国が高い成長を遂げてきたのも、もとはといえば中国が四兆元という超大型の内需拡大政策をとって、「土建国家」的な「爆食」成長をいっそうきわめたからであった。財政の大盤振る舞いで急成長を演出して世界経済への貢献を印象づけたのである。

そのツケが二〇一〇年代に入って、まわってきている。不動産のバブルが次第にはじけつつあり、いたるところに「鬼城（ゴーストタウン）」が出現するようになっている。この「土建国家」的な成長の担い手は地方の政府である。今日では、地方政府の負債が深刻な状態となっている。

影響は中国国内にとどまらない。二〇一二年ごろから中国経済が急減速すると、鉄鉱石をはじめとする資源価格が下がってきた。その直撃を受けているのが、ブラジルである。これまで資源や食糧輸出の好調で、舞い上がっていたともいえるが、二〇一五年から二年連続のマイナス成長が確実視されている。貧困対策はたぶんに「ばら撒き」であり、生産性向上のための投資を怠ったことも裏目に出ている。せっかくオリンピックも成功したのに、ルセフ大統領は「汚職」で弾劾されて失職し、明らかに左翼政権の幕引きがなされようとしている。支配階級にとっては成長の果実に十分あずかれたし、成長が終われば「用なし」ということだろうか。

中国では、ひと頃の国営企業改革は後退し、むしろ「土建国家」的な経済成長で粗鋼、アルミ、セメント、ガラスなど素材産業を担う国営企業が異常な繁栄ぶりとなった（「国進民退」）。そうした素材の膨大な過剰生産が深刻な問題になっている。そのような企業を「ゾンビ企業」として整理したいのだが、そうすれば失業者が大量に出るため思うように進まない。売れ残りの山が築かれ、企業の債務が大きく膨らんでいる。

経済構造を変えようとすれば、国有企業の既得権益にメスを入れなければならない。それが「腐敗官僚の摘発」というかたちで進んでいる。「トラもハエも、キツネも」、つまり大物も小物も、海外に高飛びした者も容赦しないと意気込んできた。軍の改革も進められてきた。当然これは習近平体制を強化するための権力闘争とからみ合っている。共産党政権の内部対立のマグマが限りなく膨らんできている。

中国といえば「パクリ」を連想する者も多い。社会の高度化のためには、この体質を改めて中国独自のブランドをつくっていく必要がある。だが、せっかく中国ブランドがいくつか立ち上がっても、それさえ当の中国人にパクられるという冗談のような現実もある（ＮＨＫ「クローズアップ現代＋」二〇一六年九月六日）。

富の格差も極めて深刻なものになっている。

政府高官や国営企業の幹部たちの腐敗ぶりや、けた違いな不法蓄財はあまりにも有名である。他方で、高学歴でありながら就職がなく、マンションや防空壕の地下室に暮らす「ネズミ族」、狭い部屋に大勢で暮らす「アリ族」と呼ばれる若者が増えていった。不動産が高騰し、家を買えず結婚できない若者も増えていった。農村出身の工場労働者は依然として貧しく、「農村戸籍」のまま都市住民の社会保障も受けられない。故郷の農村には高齢者と子供が取り残され、過疎が進行している。

このような中国の深刻な国内矛盾が、民衆の抗議運動を多発させ、最近では軍人の抗議まで生み、対外強硬路線というかたちで暴発する恐れが高まっている。

6　これからの成長センター、ASEAN

「チャイナ・リスク」を避けるために、日本の企業は「チャイナ・プラスワン」、つまり中国をまったく捨ててしまうわけではないが、中国以外の国や地域に新たな発展基盤を求めてリスク・ヘッジをしていくという動きになった。そのなかで最も注目されているのが、ＡＳＥＡＮである。

現在、ＡＳＥＡＮは一〇カ国で構成され、総人口六億という将来的にも非常に有望な市場をもつ。しかもしばらくのあいだ、若年人口が大勢を占める時代が続いていく。こういう状況を「人口ボーナス」という。労働力と消費という面で、潜在的成長力に恵まれているのがＡＳＥＡＮである。その市場は実に多様な内容をもっている。貧しい人たちの市場も広がっているし、中間層の市場も富裕層の市場も広がっている。またマレーシア、インドネシアという巨大なイスラム経済圏、生活圏が広がっている。そこでイスラム教の戒律に沿った認証システムが広がっている。「ハラル（ＨＡＬＡＬ）」という。その拠点がマレーシアである。認証を取得して「ハラル商品」となれば、やがて中東やアフリカの市場がみえてくる。

日本企業がＡＳＥＡＮに進出したのは一九八〇年代からである。一九八五年以降、円高ドル安という時代に入って、日本で国際競争力を失った企業が大挙して東アジア、とりわけＡＳＥＡＮに進出していった。ＡＳＥＡＮで日系企業を中心とした「生産のネットワーク」をつくり出し、今日ではそれが「サプライチェーン」と呼ばれるものに発展している。

今やＡＳＥＡＮはサプライチェーンを通じて、特定の産業のなかだけではなく、産業横断的に部品やコンポーネントといった中間財を供給する世界的な基地になっている。そのサプライチェーンのハブはタイである。タイにはとくに自動車産業が集積し、今や「東洋のデトロイト」と呼ばれるようになっている。ＡＳＥＡＮのなかでは労働力やインフラがずば抜けて整っている。

日本企業の対ＡＳＥＡＮ投資も、地域的な広がりをみせている。賃金水準の上昇もあって、タイやマレーシアから周辺国にも広がってきており、「メコン経済圏」が形成されるようになっている。タイを中心にカンボジア、ラオス、ミャンマー、ベトナムを取り込んだサプライチェーンの形成が加速している。

ＡＳＥＡＮは二〇一五年末に「ＡＳＥＡＮ経済共同体」を形成し、市場統合を加速している。二〇一八年をめどにＡＳＥＡＮは関税をほぼ撤廃し、モノの移動、モノの貿易に関しては事実上、国境が消えていく時代を迎える。

タイの隣にミャンマーがある。ここには日本が中心となってつくっている工業団地がある。これが完成し、東西に走る交通路ができると、インドシナからミャンマーを通じて、やがてインドにサプライチェーンがつながっていく。ミャンマーが民主化されたことの意味は大きい。インドにつながっていけば、それはやがてアフリカにつながっていくだろう。アフリカでは、印僑というインド系の人たちが手広くビジネスをしている。

日本は人口が減りかけている。出生率が上がるよう育児をしやすい環境を大急ぎで整える必要がある。そのためには働き方を変え、賃金が上がるように日本企業は積極的に取り組まなければならない。日本企業は収益をためこむのではなく、日本社会に有益なかたちでそれを使う大きな社会的責任がある。企業の「内部留保」は、二〇一五年三月末時点で約三六〇兆円もある（ＮＨＫ「クローズアップ現代＋」二〇一六年七月二七日）。ＡＳＥＡＮなど海外に展開する企業が、人口が減少する日本に展望はないと考えているのであれば、言語道断である。海外に展開している日本企業の収益が国内に還元され、日本社会の豊かさのために使われるのであれば賛辞を惜しまない。

【参考文献】
ジム・オニール（二〇一二）『次なる経済大国』ダイヤモンド社。
村山宏（一九九九）『中国「内陸」発』日本経済新聞社。
近藤大介（二〇一二）『「中国模式」の衝撃』平凡社新書。
二宮康史（二〇一一）『ブラジル経済の基礎知識』ジェトロ。
堀坂浩太郎（二〇一二）『ブラジル　飛躍の軌跡』岩波新書。
浅元薫哉・齋藤寛編（二〇一二）『ロシア経済の基礎知識』ジェトロ。
須貝信一（二〇一一）『インド財閥のすべて』平凡社新書。
山田剛（二〇一二）『知識ゼロからのインド経済入門』幻冬舎。

石川幸一・清水一史・助川成也編著（二〇一三）『ＡＳＥＡＮ経済共同体と日本』文眞堂。

山影進編（二〇一二）『新しいＡＳＥＡＮ―地域共同体とアジアの中心性を目指して―』アジア経済研究所。

「潜入！　闇のマーケット　中国〝スーパーコピー〟の衝撃」『クローズアップ現代＋』ＮＨＫ、二〇一六年九月六日放送。

「三六〇兆円！　企業のカネは誰のものか～〝内部留保〟をめぐる攻防～」『クローズアップ現代＋』ＮＨＫ、二〇一六年七月二七日放送。


（草野昭一）

主要著書　『中国　改革開放への転換―「1978年」を越えて―』（共著）慶應義塾大学出版会，2011年，『中国農業の市場化と農村合作社の展開（日本農業市場学会研究叢書）』（共著）筑波書房，2013年。

鮎京正訓（あいきょう・まさのり）　第９章担当
1979年早稲田大学大学院法学研究科博士後期課程満期退学。博士（法学）。
現在　愛知県公立大学法人理事長，名古屋大学名誉教授。
主要著書　『ベトナム法の研究』（稲子恒夫との共著）日本評論社，1989年，『ベトナム憲法史』日本評論社，1993年，『アジア法ガイドブック』（編著）名古屋大学出版会，2009年，『法整備支援とは何か』名古屋大学出版会，2011年。

福田　保（ふくだ・たもつ）　第10章担当
2008年オーストラリア国立大学大学院アジア太平洋研究科博士後期課程修了。Ph.D.（政治学・国際関係学）。
現在　東洋英和女学院大学国際社会学部准教授。
主要著書　『ASEANを知るための50章』（共著）明石書店，2015年，『アメリカにとって同盟とはなにか』（共著）中央公論新社，2013年。

田中　周（たなか・あまね）　第11章担当
2012年早稲田大学大学院政治学研究科博士後期課程満期退学。修士（政治学）。
現在　早稲田大学現代中国研究所招聘研究員，愛知大学国際中国学研究センター客員研究員。
主要著作　『転換期中国の政治と社会集団』（共編著）国際書院，2013年，『中国のムスリムを知るための60章』（共編著）明石書店，2012年。

草野昭一（くさの・しょういち）　第12章担当
1984年京都大学大学院経済学研究科博士後期課程満期退学。修士（経済学）。
現在　愛知県立大学外国語学部教授。
主要論文　「基軸通貨ドルの解明」『愛知県立大学外国語学部紀要』第43号，2011年，「タックスヘイブン―グローバル金融の闇―」愛知県立大学大学院国際文化研究科『国際文化研究科論集』第15号，2014年。

主要著書　『華僑コネクション』新潮選書，『京劇と中国人』新潮選書，『「死体」が語る中国文化』新潮選書。

黄　東蘭（こう・とうらん）　第3章担当
1998年東京大学大学院国際社会科学専攻博士課程修了。博士（学術）。
現在　愛知県立大学外国語学部教授。
主要著書　『近代中国の地方自治と明治日本』汲古書院，2005年（第31回「藤田賞〈奨励賞〉」，第1回「樫山純三賞」），『再生産的近代知識』（編著）『新史学』第4巻，中華書局，2010年。

工藤貴正（くどう・たかまさ）　第4章担当
1985年大阪外国語大学大学院外国語学研究科修士課程修了。名古屋大学・博士（文学）。
現在　愛知県立大学外国語学部教授。
主要著書　『魯迅と西洋近代文芸思潮』汲古書院，2008年，『中国語圏における厨川白村現象』思文閣出版，2010年，『近代台湾の経済社会の変遷』（共著）東方書店，2013年，『厨川白村現象在中国与台湾』台湾・秀威資訊出版，2016年。

諏訪一幸（すわ・かずゆき）　第6章担当
2004年日本大学大学院総合社会情報研究科博士前期課程修了。修士（国際情報修士）。
現在　静岡県立大学国際関係学部教授。
主要論文　「中国共産党権力の根源」『中国共産党のサバイバル戦略』（菱田雅晴編著）三和書籍，2012年，「全国人民代表大会常務委員会と中国共産党指導体制の維持」山田紀彦編『独裁体制における議会と正当性』アジア経済研究所，2015年。

大島一二（おおしま・かずつぐ）　第7章担当
1987年東京農業大学大学院農学研究科農業経済学専攻博士後期課程修了。博士（農業経済学）。
現在　桃山学院大学経済学部教授。

著者紹介

【編者】

鈴木　隆（すずき・たかし）　第５章担当

2004年慶應義塾大学大学院法学研究科政治学専攻後期博士課程満期退学。博士（法学）。

現在　愛知県立大学外国語学部准教授。

主要著書　『共産党とガバナンス』（菱田雅晴との共著）東京大学出版会，2016年，『中国共産党の支配と権力』慶應義塾大学出版会，2012年（第34回「発展途上国研究奨励賞」ジェトロ・アジア経済研究所）。

西野真由（にしの・まゆ）　第８章担当

2000年東京農業大学大学院農学研究科農業経済学専攻博士後期課程修了。博士（農業経済学）。

現在　愛知県立大学外国語学部准教授。

主要著書　『アジア共同体の構築をめぐって』（共著）芦書房，2015年，『日系食品産業における中国内販戦略の転換（日本農業市場学会研究叢書）』（共著）筑波書房，2015年。

【執筆者】（執筆順）

上川通夫（かみかわ・みちお）　第１章担当

1989年立命館大学大学院文学研究科史学専攻博士後期課程修了。博士（文学）。

現在　愛知県立大学日本文化学部教授。

主要著書　『日本中世仏教形成史論』校倉書房，2007年，『日本中世仏教と東アジア世界』塙書房，2012年，『平安京と中世仏教』吉川弘文館，2015年。

樋泉克夫（ひいずみ・かつお）　第２章担当

1982年中央大学大学院文学研究科東洋史学専攻後期博士課程満期退学。

現在　愛知大学現代中国学部教授。